寻味广州

卢李玉 著

北京出版集团公司
北京出版社

图书在版编目（CIP）数据

寻味广州 / 卢李玉著. — 北京：北京出版社，2019.9
 ISBN 978-7-200-15076-6

Ⅰ. ①寻… Ⅱ. ①卢… Ⅲ. ①旅游指南—广州②饮食—文化—广州 Ⅳ. ①K928.965.1②TS971.202.651

中国版本图书馆CIP数据核字（2019）第151171号

寻味广州
XUNWEI GUANGZHOU

卢李玉 著

*

北 京 出 版 集 团 公 司 出版
北 京 出 版 社

（北京北三环中路6号）
邮政编码：100120

网　　　址：www.bph.com.cn
北 京 出 版 集 团 公 司 总 发 行
新 华 书 店 经 销
三河市嘉科万达彩色印刷有限公司印刷

*

880毫米×1230毫米　32开本　6印张　196千字
2019年9月第1版　2019年9月第1次印刷
ISBN 978-7-200-15076-6

定价：49.80元
如有印装质量问题，由本社负责调换
质量监督电话：010-58572393

粤菜为传统八大菜系之一,其中包含广州菜。广州是个包容性非常强的城市,这一点在美食上体现得尤为明显。广州人素来以爱吃、会吃闻名天下,赞扬南粤饮食文化之丰富、深厚的谚语"食在广州,厨出凤城"也不是浪得虚名。粤菜在海内外影响都非常大,粤菜馆更是开遍全球,甚至还有"有华人的地方就有粤菜"的说法。

广州作为中外闻名的美食之都,是一座名副其实的美食王国。在这座王国里,遍布各种各样的美食,只有你想不到的,没有你找不到的。熟悉广州的人都知道,广州人有"三茶两饭一夜宵"的美食传统。来到广州,一个个大小饭馆、一条条熙来攘往的美食街、一家家有品位的餐厅和茶馆随处可见,任何一个地方都能让人深陷美食的阵地无法自拔。总的来说,这些美食之地大概可以分成三种:老字号店、寻常巷陌里不起眼的小店、外来菜。

这里的老字号店都各有各的特色,但他们还有一个共同点,那就是做的东西都非常美味,有着历久弥新的独特味道,能让很多人寻找到过去的记忆。他们用心地做菜,几十年始终如一地将特色美食传承下来,单是这样的态度,就让人无比感动。让我们走进这些老字号店,共同寻回一份回忆与隽永。再来说那些不起眼的小店,在曲折幽深的小巷子里、学校附近、街头等地，都能看到它们的身影。它们没有华丽的外表、浮夸的口号，有的甚至没有店名，只是一个流动着的小推车，但是这丝毫不影响它们做的食物的味道。地地道道的做法、简单的食材，却总能被做出一流的美味。不要觉得这些店不起眼就难以找到，其实哪里人多哪里就有它们的身影。你会发现，这些地方来来往往的宾客总是络绎不绝，他们总能收获一份意想不到的惊喜和欢愉。外来菜总能以其与众不同的口味与特色吸引着人们前来品尝。这些菜不仅彰显着广州独有的风格，还能积极吸收外来菜中的特色，让我们在广州就能品尝到世界各地的美味。

粤菜有很多值得称道的地方。选料严格广泛，配料、主料都十分丰富；做工精细，据专人统计，单单是烹调方法就有二十多种，炒、煎、焗、焖、炸、煲、炖、扣等数不胜数，色香味俱全，尤其以味鲜为重中之重，力求清中求鲜、淡中求美。除此之外，粤菜还有养生保健之功效，广式蒸鱼、老火靓汤、花胶炖香菇、白斩狗等都是南粤餐桌上的保健膳食。

粤菜是一种独特的文化，更是一种气氛、一种情怀、一种味道、一种民俗、一种色彩、一种健康的生活方式。就让我们一起去感受广州菜带给我们的人间百味。

行前必知／10
必游景点 **TOP10**／12
人气美食 **TOP10**／14

三酱肠粉　刚刚好的甜度／26
菠萝油　外焦里嫩，入口即化／28
脆皮乳猪　让人意犹未尽／31
港式火锅　独具特色的人间美味／33
龙凤煲　闻名中外的美味／36
金沙汤圆　飘来一缕麦香／38
白玉翡翠　翠绿掩映下的"白玉"本色／41
柠檬鸡　酸中透辣的别样风味／43
水果冰粥　最是清甜"冻"人／45
潮州肉冻　晶莹剔透如水晶／47
糯米甜糟　酒不醉人人自醉／50

海珠区
美味中品尽世故人情／53

八宝冬瓜盅　最养生的"懒人菜"／54

行住玩购样样通／17

行在广州／18
住在广州／19
玩在广州／20
购在广州／21

天河区
粤味风情一网打尽／23

虾饺皇　口口都是鲜虾仁／24

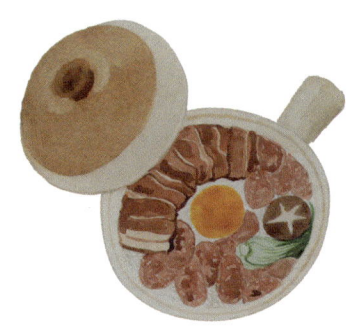

炒田螺　香中透甜，辣中回甘/56
荷香糯米鸡　用清香挑逗味蕾/58
雷州羊肉火锅　山珍海味融于一体/60
椒盐蛇碌　最家常的绝色美味/62
娥姐粉果　百米邂逅半月/64

白云区
街头巷尾的饮食文化/67

白云猪手　岁月酿就的浓香/68
麻皮乳猪　穿越千年的岁月/70
腊味煲仔饭　小巷里的脉脉温情/72

广州文昌鸡　肥而不腻，芡汁明亮/74
老火靓汤　千载传承的广府汤/76
蜜汁叉烧　不可辜负的甜蜜蜜/78
鱼翅饺　不是鱼翅，堪比鱼翅/80
广东肉　朴素里的百转千回/82

黄埔区
日食三餐的舌尖缱绻/85

满坛香　"佛跳墙"之进化论/86
黄埔蛋　渔民的待客盛宴/88
瓦锅花雕鸡　芳香里的肉鲜嫩滑/91

鲫鱼豆腐汤　老少皆宜的冬日靓汤/114
嫁女饼　必不可少的喜饼/116
云吞面　尝一口汤底的馥郁/118
潮鸽吞翅　比翼双飞的人间美味/120

越秀区
味道是固守心底的乡愁/123

黄金豆腐　色香味俱全的"植物肉"/124
罗汉斋　佛门最奢华之素斋/126
青瓜拌蛏子　不可错过的"小人仙"/128
鱼头窝　半饱时的风雅/130
炒花甲　粤人心中的"天下第一鲜"/132
豆豉凤爪　成就"小而美"的早茶/134

四喜豆腐　四季里的低吟浅唱/93
广州凉粉　穿街过巷的清暑甜品/95
珧柱节瓜煲　亦菜亦汤的家常菜/98
广式春卷　冠绝春卷之众/101
牛肉丸　余味未了的悠长/103

花都区
锅碗瓢盆间的粤式人生/107

松鼠鱼　一场舌尖上的精雕细琢/108
及第粥　糜水交融,香浓味鲜/110
烧骨粥　流连花都的不二之选/112

07

油角　春节里的守望 /136
东江盐焗鸡　盐焗出来的好味道 /138
红烧大裙翅　一次味蕾的盛宴 /140
酸辣海蜇丝　夏季开胃之首选 /142

荔湾区
不同食材的天作之合 /145

陈皮牛肉　麻辣回甘，陈皮味甜 /146
手撕鸡　低热量的减肥美食 /148

凉拌广东菜心　万绿丛中一点红 /150
酥皮莲蓉包　莲蓉界的小清新 /152
粤式奶黄包　甜包子里的人气王 /154
鱼子豆腐　粒粒皆精华 /156
白果黑米粥　扶正固本的滋补佳品 /158
百花酿鸭掌　好一个美味绵绵掌 /160

番禺区
与一流粤食的相见恨晚 /163

生滚粥　浑然天成方是好粥 /164

南沙区
寻觅历久弥新的老味道/183

罗汉扒豆腐　粤人的传统养生菜/184
香煎芙蓉蛋　但见一派锦绣繁华/186
沙河粉　柔韧筋道的薄米粉/188
百鸟归巢　凤凰何少鸟何多/190

千层猪耳　文火煲出的软糯/166
鸡仔饼　源于民间的"小凤饼"/168
马蹄糕　软滑、爽韧兼备/171
和味牛杂萝卜　老广州的饮食故事/174
咸鱼茄子煲　外酥里滑，口味咸鲜/177
炸子鸡　干香咸鲜的粤式招牌菜/180

行前必知

【广州印象】

广州历史悠久,从秦朝开始,一直是华南地区的政治、经济和文化中心。在中国对外贸易史上,广州具有特殊的地位,是海上丝绸之路的主港,也是唐宋时期中国第一大港口、明清时期唯一对外贸易大港。

【地理】

广州位于广东省的中南部,濒临中国南海,是中国的"南大门"。广州是珠江三角洲的组成部分,地势东北高、西南低,属于丘陵地貌。

【气候】

广州的气候属于海洋性亚热带季风气候,夏季较长,温暖多雨。全年平均气温为20~22℃,为中国年平均温差最小的大城市之一。

【历史】

广州的历史可以追溯到公元前9世纪的周朝。从秦朝开始,广州一直作为行政中心存在。广州的行政管辖地区,最大曾经包括现广东、广西的大部分地区。

【民族与宗教】

55个少数民族在广州都有所分布，人数较多的主要有壮族、满族、回族、苗族、土家族、瑶族等。全市有1个少数民族聚居村，4个市级民族团体。

广州佛教、道教、天主教、伊斯兰教、基督教五大宗教俱全，宗教活动场所众多。

【文化与艺术】

广州是典型的多元文化汇集之地，民间工艺和民间传统艺术名扬海内外。

广州文化艺术中，比较有代表性的有：广绣、广彩、广雕。民间的传统特色艺术有咸水歌、沙坑醒狮、鳌鱼舞、木鱼书说唱、八音锣鼓等。广州还是粤剧活动的主要地域之一。

【美食偏好】

广州菜选材广博而精细，品种繁多，精于变化。作为粤菜的代表，广州饮食在口味上以清鲜为主，常见的知名菜有白切鸡、白灼海虾、明炉乳猪、挂炉烧鸭、蛇羹等。

饮茶是广州饮食的一大特点，广州人喝茶有许多讲究，有早茶、凉茶、工夫茶等。广式点心是喝茶的绝佳搭配，制作考究精美，风味食品种类繁多。

必游景点 TOP10

【广州塔（小蛮腰）】

广州塔又称广州新电视塔，昵称小蛮腰，位于广州市海珠区（艺洲岛）赤岗塔附近。广州塔塔身主体高454米，天线桅杆高146米，总高度600米，是中国第一高塔，世界第三高塔。

【白云山风景区】

白云山位于在广州城北，素有"岭南第一名山""羊城第一秀"之称，风景秀丽，有"白云山上白云飞，白云山下白云围"的描写。白云山最高峰是摩星岭，号称"天南第一峰"。

【珠江】

珠江被称为"广州人民的母亲河"，建有一条23千米长的景观长廊。珠江北岸临江8层以上高楼，都用特别设计的彩灯和射灯装饰，华灯初上，两岸流光溢彩、辉煌绚丽。

【越秀公园】

越秀公园包括越秀山和周围的自然湖泊，是广州知名的游览胜地。越秀公园中的名胜古迹和自然景观都很多，有五羊石雕、镇海楼、明城墙、中山纪念碑、伍廷芳墓、广州美术馆等。

【中信广场及车站瀑布】

广州新时代的景观中，最有人气的当数火车东站绿化广场之水景瀑布和中信广场。中信广场是广州的标志性建筑，中间是一座高80层的主楼，左右两边各为高38层的副楼。广场上有古色古香的南越王墓制式花坛。

【陈家祠】

陈家祠是广州古建筑的代表,又叫陈氏书院,是清代广东省陈姓的族祠和书院。陈家祠是典型的岭南地方民居,古祠坐北朝南,主体建筑规模宏大,庭院幽深,优雅古朴。

【广东奥林匹克体育中心】

广东奥林匹克体育中心在设计上采用了飘带造型,像飘逸的缎带翱翔半空,显得新颖而浪漫。体育场的内部设有21个看台小区,色彩斑斓,犹如花瓣,十分壮观。

【黄花岗七十二烈士墓】

黄花岗位于广州先烈中路,是为纪念在1911年4月27日由孙中山领导的广州起义中牺牲的革命烈士而建的。

【黄埔军校旧址】

黄埔军校旧址位于广州市黄埔区长洲岛内,原为清朝陆军小学和海军学校校舍。1988年旧址被定为国家级文物保护单位。2016年12月和2017年12月,旧址分别入选《全国红色旅游景点景区名录》以及"第二批中国20世纪建筑遗产"。

【从化温泉】

从化温泉又名流溪河温泉,位于广州北部,是省级旅游度假区。其水质好、水温高,被称为"岭南第一泉",是世界罕见的含氡苏打温泉,与瑞士温泉齐名。

人气美食 TOP10

【老火靓汤】

广州饮食的精华在于煲汤,汤已经成为广州饮食的标签。老火靓汤中的"老火",指的是煲汤的时间,一般至少要一个小时,成品汤味道鲜美,是滋补的佳品。

【叉烧】

作为广东省的传统名菜,叉烧属于广东烧味的一种,是将猪肉用叉子叉好后放在火上烧熟,故名叉烧。叉烧多呈红色,味道略甜。常见的以叉烧为原料的美食有叉烧饭、叉烧包、叉烧酥等。

【白云猪手】

白云猪手肥而不腻、爽脆可口,广州大一些的饭店,几乎每家都有这道菜。它是以猪手为主料的凉拌菜,最考究的白云猪手是用白云山九龙泉的泉水浸泡的。

【沙河粉】

沙河粉在广州街头十分常见,这是一种用大米制成的粉,滑软而筋道。质量上佳的沙河粉,粉薄而透明,配有酸辣可口的配菜,味道鲜美且营养容易吸收。

【煲仔饭】

煲仔饭就是用砂锅来煮米饭和搭配好的菜。广州的煲仔饭品种繁多,有腊味煲仔饭、冬菇滑鸡煲仔饭、豆豉排骨煲仔饭等,煲仔饭馆更是遍布大街小巷。

【八宝冬瓜盅】

八宝冬瓜盅是一种汤食,夏季时,以冬瓜为器炖汤,故而得名。此菜既美观又美味,清淡而鲜美,是夏季消暑的佳品。

【龙凤煲】

"龙凤煲"是一道有名的特色粤菜,也是闻名中外的广东传统名菜。这道菜的主要材料是蛇和鸡肉,其肉嫩香滑、异常鲜美,名扬于海内外。

【炸子鸡】

炸子鸡是粤菜中的招牌菜,每逢寿筵喜宴更是不可或缺。这道菜的制作过程十分繁复,出锅后色泽金黄、外脆内嫩、干香鲜咸。

【炒田螺】

炒田螺由田螺、紫苏等原料烹饪而成,配上紫苏叶炒的田螺没有泥腥味,味道极其鲜美,是广州人非常喜爱的一道特色美食。

【东江盐焗鸡】

东江盐焗鸡是广东的传统名菜,东江首府盐业非常发达,因此当地利用这一先决条件制作菜品,于是,盐焗鸡就被创作出来了。

行住玩购样样通 >>>>>

行在广州

如何到达

飞机

广州白云国际机场是广州市的一座大型民用机场，属国内三大航空机场之一。白云国际机场现有两个航站楼。从白云国际机场到广州市区，可乘机场大巴或到航站楼负一层乘坐地铁，广州地铁3号线有机场南站、机场北站两个站点与机场连接。

火车

广州的火车站有广州站、广州东站、广州南站、广州北站等。

广州站是中国十大火车站之一，也是华南地区最大的火车站和广州市内最主要的铁路客运站之一。

广州南站，又称广州新火车站，是华南地区最大、最繁忙的高铁站、枢纽站。广州南站经停车次数量位列全国第一，超越上海虹桥站及北京南站等大型车站。

市内交通

公交

广州公交车有市区巴士（含夜线）、广州BRT、城际巴士、机场专线、大学城专线（广字头、大学城字头）、华南新城楼巴、旅游线、高峰专线、科学城专线、商务线等路线；其中花都区、番禺区、南沙区三个郊区还有自己的公交系统。

出租车

广州交通发达，出租车众多，路边招手即停。

广州市交通委员会开通了专门的官方服务电话：96900，问路、订票、叫出租车，非常方便，也不用担心安全问题。

住在广州

广州合晋帝苑酒店

地址　广州市海珠区赤岗路12号
电话　020-84147888
价格　209元起

广州合晋帝苑酒店地处琶洲国际会展中心区域，是花园式别墅园林酒店，闹中取静。酒店设计有绿色园林，其中的别墅客房每套带有户外独立小花园。酒店以花园为主题，花园区种满各种岭南特色的植物，环境优美，无论哪个季节都能让人置身于鸟语花香的怡人环境。

广州宾馆

地址　广州市越秀区海珠广场起义路
　　　2号
电话　020-83338168
价格　289元起

广州宾馆坐落于市中心的海珠广场，南临珠江，北倚越秀山，地理位置优越，珠江美景、羊城新貌等尽收眼底。广州宾馆位于海珠广场休闲旅游购物区的中心地带，地处广州城的中轴线上，交通便捷。

广州诺欣酒店（新白云机场店）

地址　广州白云区新白云国际机场南
　　　工作区内，近横一路
电话　020-36069888
价格　248元起

诺欣酒店位于广州新白云国际机场南工作区内，交通十分便捷，距离候机楼仅3分钟车程，距离花都市区仅15分钟车程。酒店可为客人提供免费停车、接送机服务。

玩在广州

沙面

地址　广州市荔湾区沙面南街50号
电话　020-81202828
门票　12~25元

沙面是广州市西南部的一个小岛，原名拾翠洲，因是珠江冲积而成的沙洲，故名沙面。沙面历史底蕴丰厚，早在宋、元、明、清时期，就是国内外通商要津和游览胜地。沙面是广州近代史与租界史的缩影，鸦片战争后，清咸丰十一年（1861年），沙面沦为英、法租界，此后曾有十多个国家在沙面设立领事馆，九家外国银行、四十多家洋行在沙面经营，可谓露天的历史博物馆。

广州塔（小蛮腰）

地址　广州市海珠区阅江西路222号
电话　020-89338222
门票　150元/人。取票后需两小时内登塔，否则门票将自动失效。另外，加购摩天轮180元/人，加购极速云霄100元/人。如果要多个项目一起玩，最好选择户外游乐套餐，价格更优惠

广州塔（小蛮腰）位于广州市中轴线与珠江景观线的交会处，与海心沙岛和珠江新城隔江相望，集旅游观光、餐饮、文化娱乐和环保科普教育等多功能于一体，是文化内涵丰富的大型景观建筑。作为广州的地标式建筑，广州塔有多项世界之最：全球最长的空中漫步云梯；世界上最高的旋转餐厅和最高的4D影院；最高的露天观景台；世界上最高的横向摩天轮。

白云山

地址　广州市白云区广园中路801号
电话　020-37222222
门票　普通票5元（不包含其他景点门票）

白云山是南粤名山之一，有"羊城第一秀""南越第一山"的美称，由30多座山峰组成。在白云山可以俯览全市美景。游览白云山的最佳时机是雨后天晴或暮春时节，在山间可见白云萦绕不绝，这也是白云山名字的由来。白云山主要有明珠楼、鸣春谷、摩星岭、三台岭等游览区，景区内除了自然风光，还有滑草、滑道、小型蹦极等娱乐项目。

购在广州

广式腊肠

店铺　皇上皇专卖店（下九路店）
地址　广州市荔湾区下九路3号
电话　020-81396588
价格　30~100元/500克

秋冬季节，广东盛行制作腊肠，民间有"秋风起，食腊味"的说法。腊肠历史悠久，以广东、四川、湖南的最有影响。广式腊肠的做法是将肉类用特别调制的作料进行腌制，经过寒冬腊月，使肉类在较低的气温下自然风干而成，形成独特的腌腊风味。广式腊肠中往往加入较多的蔗糖和酒，制作过程多凭个人经验，受外界环境影响较大，因此各家有名的广式腊肠口感也不完全相同。传统腊肠最知名的品牌是皇上皇、广州酒家。

广绣

店铺　聚元祥文化艺术发展（广州）有限公司
地址　广州市荔湾区花鸟鱼艺大世界首层J区J13号
电话　020-83739057
价格　150~8000元

广绣是粤绣的代表，历史悠久，早在唐朝就有记载，至今已有1000多年的历史。明朝正德九年（1514年），有葡萄牙人在广州购买了龙袍的绣片回国，国王对此赞赏不已，从此广绣手工艺品走向海外。广绣构图形象饱满而传神，针法多样、纹理清晰，与苏绣、湘绣、蜀绣并称为中国的四大名绣。

广彩

店铺　广州织金彩瓷工艺厂
地址　广州市荔湾区芳村大道东31号
电话　020-81891170
价格　500~20000元

广彩即广州织金彩瓷，是在各种白瓷器皿上彩绘之后烧制成的工艺品。广彩是中国四大名瓷之一，以色彩绚丽、金碧辉煌、绘工精细而著称。广彩既保留了中国传统瓷器的神韵，又着重结合西洋异域文化，在海外销路甚广。广彩的颜料品种很多，最常见的有：水青，亦称广翠，类似青花瓷；西红，类似景德镇的胭脂红；大红，似矾红但较矾红浅而鲜；大绿，比江西大绿稍翠一些；麻色，类似黄麻皮色；金彩，金碧辉煌，闪闪发光；茄色，即西红和水青配成的紫色。

天河区
粤味风情一网打尽 >>>>>

美食是这个地区的一张名片,这里云集了种类繁多的美味佳肴。在喧嚣的人群中,来到这里,吃上一份精致的美味,体味人生百态,如此甚好。

广州酒家

地址　广州市天河区体育东路112号
电话　020-38809138

虾饺皇
口口都是鲜虾仁

　　虾饺皇是汉族传统小吃,也是广州茶楼、酒家的必备美食。对于广州人来说,无论是逛街,还是专门去吃下午茶,虾饺皇都是最佳之选,晶莹剔透的外观,咬一口下去,满满的都是鲜虾仁,幸福感瞬间就从口中蔓延开来。

　　关于虾饺皇的由来,要追溯到20世纪初期广州市郊伍村五凤乡,相传当时那里环境优美、经济繁荣,盛产鱼虾。当地的一家茶楼老板突发奇想,想要对这些新鲜的大虾再加工,做出一种特别的食品,从而招徕更多的顾客。于是老板就用新鲜的大虾,加上猪肉、竹笋等做馅料,再配上黏米皮,最终制成了虾饺。

　　尽管虾饺最初的外观不太好看,面皮太厚又无光泽,但因为做法独特新奇、味道鲜美,深受大家喜欢。慢慢地,越来越多的人慕名前来品尝虾饺,很多其他的茶楼也争相效仿学习引进这一美食。虾饺成为很多点心师傅争相学习的对象,并且点心师傅不断对虾饺进行改进,捕到鲜虾后,剥出其中的肉,用粉包裹放到锅内蒸,使鲜虾的汁液不外流,保持着其原本鲜美的味道。点心师傅还大胆改进原本面粉制成的虾饺皮，使用"澄粉"（小麦淀粉）。除此之外，虾饺的形状也由原来的角形改成梳子形，每个虾饺都有十二个细褶，呈弯梳状，外观非常漂亮。就这样不断发展改进，虾饺成为南粤久盛不衰的名牌点心，大、小酒家和茶楼均有供应。因为虾饺内的鲜虾非常大且美味，人们就给这些虾饺取了一个非常霸气的名字——虾饺皇。

虾饺皇不仅是茶楼餐厅的必备品，也是很多家庭经常爱做的点心。印象中妈妈的拿手点心就是虾饺皇，她每次做都有四个步骤：做面皮、调馅儿、包制成品、放进蒸笼。先拿出一个面盆，将澄面、生粉和面粉倒入其中，并且充分混合均匀，然后再倒入沸水、少许油，用筷子搅拌，最终将其揉成光滑的面团。之后再将面团用保鲜膜覆盖醒二十分钟，醒好后，将面团搓成长条状，分成小剂子，用擀面杖擀成圆片，面皮就做好了。第二步，将合理比例的鲜虾肉、脱水鲜竹笋尖、猪油、调料拌好即可。第三步，用面皮把肉馅包到里面。第四步，放在蒸笼里蒸熟就大功告成了。印象中，妈妈对我说过，好吃的虾饺皇一定要用大火蒸才可以。每次妈妈做的虾饺皇都晶莹剔透，令人垂涎欲滴。

近年来，林林总总的酒楼、茶餐厅很多，供应虾饺皇的地方也有不少，每个地方的虾饺皇都有各自的独特之处，但是口碑最好的莫过于享有"食在广州第一家"美誉的广州酒家。这家老字号酒楼水准很高，除了拥有优雅别致的环境、细致周到的服务，最让人竖起大拇指的莫过于正宗出色的良心虾饺皇了。多年以来，广州酒家秉承着"服务于大众、诚暖顾客心"的服务宗旨，让每一个顾客吃上名副其实的靓虾饺。他们不去为了迎合过大的需求量而放弃虾饺皇最正宗的做法，不去为了获得更好的经济效益而选用廉价的食材，依旧保留着虾饺皇最正宗的味道，坚持新鲜取材、手工制作，追求精致美味，给予顾客感官上美妙的享受。

阳光的午后，一笼精致的虾饺皇配上一壶好茶，翻看着一本好书，抑或是与好友小聚一下，那都是一种享受。这样的慢时光，光是想想就别有一番情调与滋味。

寻味广州

银记肠粉店（天河南店）

地址　广州市天河区天河南二路34号花园大厦

电话　020-87567376

三酱肠粉
刚刚好的甜度

在广州，肠粉是一种非常普遍的街头美食，不管是很小的食肆茶市，还是高大上的酒楼，肠粉都占有一席之地。在广州的早餐市场，肠粉的需求量非常大，多数店家都供不应求，所以一般只要是饭点去吃，都会排很长的队，因此又被戏称为"抢粉"。

据传肠粉起源于广州的西关地区，是典型的汉族特色小吃。早在清朝末年，广州街头就有很多肠粉的叫卖声。那时候，肠粉分咸、甜两种，咸肠粉的馅料主要有猪肉、牛肉、虾仁、猪肝等，而甜肠粉的馅料则主要是用糖浸过的蔬果，再拌上炒香的芝麻。后来又经过不断的发展，出现了各式各样、种类繁多的肠粉。而在所有的种类中，三酱肠粉最为著名，三酱肠粉是粤菜系中一道美味可口的汉族名点。三酱，指的是芝麻酱、辣酱、甜酱，有时也可根据个人喜好，将芝麻酱换成花生酱，甜酱换成番茄酱。微酸微辣的辣酱再混入芝麻酱的香、甜酱的甜，三酱的味道缠绕在一起，食入口中，形成肠粉独具特色的口味。尽管这种肠粉里没有肉，但三酱所带来的那种香，已经完全替代了肉的香味，非常诱人。

一般情况下，三酱肠粉指的是三酱猪肠粉。关于猪肠粉名称的由来，据说是因为它卷起的形状非常像猪肠，才有了这个名字。不熟悉的人容易将它与肠粉混淆，二者都是用米浆蒸制而成，但是猪肠粉的粉皮更为厚实，吃入口中爽滑不腻，浓浓的米浆味也是别具风味。后来人们又觉得这个名字有点不好听，就根据它成品的样子，给它起了一个洋气的名字——"珍珠肠"。

记忆中，上学的时候学校附近就有流动小摊，专门卖这种三酱肠粉，又便宜又好吃。我和小伙伴经常会在放学之后飞奔到小摊上买来吃，有时还会让阿姨加上一些咸菜粒，又咸又辣又甜，非常有滋味。现在回想起来，还是感觉很满足。那家小摊人气非常高，放学高峰期，要排好长的队。这么多年以来，我对肠粉的钟爱之情依旧不减，和朋友逛街或是下班之后，在路上看到这种小店，仍旧忍不住驻足，进去吃上一份，然后再心满意足地离开。

三酱肠粉不仅好吃，也容易在家做。将猪肠粉切成段，放入微波炉大火加热三分钟或者放在锅中蒸热，然后再将甜酱、花生酱和辣酱分别取适量放入小碗中拌匀，最后将酱汁、熟油浇在猪肠粉上拌匀，撒上白芝麻就好了。

吃过很多家的肠粉，但是最让我念念不忘的还是银记肠粉店独家配置的肠粉。银记肠粉店创建于20世纪50年代，多年以来，凭借其质优味美驰名于广州，现在已经开了多家分店，基本上每个广州人都知道银记肠粉。他家的肠粉粉薄、味鲜、爽滑，口感独特。店内干净整洁，服务周到，性价比非常高，顾客总是络绎不绝。不仅广州本地人喜欢到这里来吃，就连外地游客也会慕名前来品尝。

肠粉是广州人非常喜爱的早餐之一。和心爱的人或朋友一起吃上一份肠粉，也是一件非常有情调的事情。

吴系茶餐厅

地址　广州市天河区天河东路75号

电话　020-87570062

菠萝油
外焦里嫩，入口即化

菠萝油是广州最寻常不过的一道点心，是从香港的特色食品菠萝包发展而来的。将菠萝包横向切开，夹上一块厚厚的牛油或者奶油，一个让人垂涎的菠萝油就做好了。这种点心之所以被称为菠萝油，是因为它表面有一层酥皮与菠萝的外皮极为相似。

说起菠萝油的由来，要追溯到19世纪。当时，英国人统治香港，也带来了许多英国文化。时间久了，这些文化就被本土化了，这一点在饮食上表现得尤为突出。英国人以面包为主食，并将面包带到了香港。香港人对面包很好奇，但并不愿效仿，只是将面包作为餐桌上的调剂食品。虽然英国人将面包作为主食，但却并没有多少花哨的吃法。香港人学会做面包后，他们觉得这样实在太单调了，味道也不够浓郁。有人联想到了核桃酥的制作方法，于是将二者结合起来，在面包上面加了一层由鸡蛋、面粉、砂糖和猪油调制而成的面皮，再进行烘烤，面包的外表皮就焗出了一层金黄酥脆、香甜可口的酥皮。最初，那层酥皮是在自然状态下酥裂开来的，凹凹凸凸的有点像菠萝,因此被称为菠萝包。后来,有人在做面包时专门在酥皮上划上一些菱形的道儿,面包出炉以后就更像菠萝了。

这时,菠萝包还并未成为香港茶餐厅的特色。英国人吃面包时,习惯往面包里涂上牛油。那些简单无味的面包片在涂上牛油以后,口感立马变得柔软甘甜而富有层次。香港人也纷纷效仿,可是香港人一般都不太喜欢方包。于是,那些茶餐厅灵机一动,将牛油塞入了菠萝包中。而且人们发现,这种吃法更能扛饿,很适合作为早餐或下午茶食用。就这样,菠萝油成了深受香港人青睐的一道美食。

随着时间的流逝,香港的菠萝油传入了广州,并成了当地人消磨下午茶时不可或缺的一道点心。曾有一位朋友在广州念完大学后去了北京工作,纵然时间流逝,每当念及那段沉浸于广州美食的岁月时,他都不胜唏嘘,格外想念的就是那酥软甘甜的菠萝油。

虽然菠萝油现在非常普通，但品尝菠萝油还是很有讲究的。除了面包要松软之外，面包皮还要符合酥脆而不散形的要求。此外，享用这道美味的时间也要把握好。菠萝包出炉后，不要立马切开，要等面包稍凉，这样包身才能成型，面皮才会变脆。牛油一定要用冰冻好的，切下一块一厘米左右的厚片，趁着面包余温尚存，将菠萝包横向切开，夹入一块冻牛油片，就可以吃了。

广州街头的茶餐厅林林总总，数不胜数，几乎每一家都出售菠萝油，但其中最负盛名的还要数吴系茶餐厅。这家坐落在闹市一角的茶餐厅无论是店铺的装修风格，还是食物的品相、味道，都散发着浓浓的港味。餐厅的墙壁上布满了各式各样稀奇古怪的名片和壁画，靠墙立着一个大大的透明玻璃柜，里面摆放着许多经典漫画和卡通玩具，整个餐厅都散发着一股浓郁的怀旧风格。餐厅价格略贵，走的完全是香港酒家的路数，慕名而来的食客中有不少是香港人。

在一个炎热的午后，我跟着一众食客步入吴系茶餐厅，捧起一个火候刚刚好的菠萝油。我大咬一口，包皮酥脆，内里松软，夹在中间的牛油绵软细腻，口感温和，没有过分冰冷，咀嚼几下，明显感到牛油在口中慢慢化开，接着一股浓香在口中弥漫开来。这大抵就是品味美食最绝妙的境地了吧。

利苑酒家（珠江新城店）

地址　广州市天河区珠江新城华夏路8号合景国际金融广场4楼

电话　020-85500028

天河区　粤味风情一网打尽

脆皮乳猪
让人意犹未尽

　　天河区作为广州一个著名的美食区域，云集了各种美食。脆皮乳猪就是其中一个代表，它有着无穷无尽的魅力，让广州人在快节奏的生活、工作之中身心得到放松，味觉享受到一种极致的快乐。

　　猪肉是人们生活中经常吃到的东西，猪肉的吃法有很多种，烹制方法更是让人眼花缭乱。在广州，脆皮烤乳猪就是一种非常独特典型的做法。由于乳猪较瘦，脂肪含量非常少，老少皆宜。正宗广州脆皮乳猪色泽红亮，尝一块入口则化，口感上乘，外酥里嫩，肉嫩鲜美，风味独特，唇齿留香。

　　有史料记载，烤乳猪在最初的时候是北方的一道菜，早在西周时代已列为"八珍"之一，被称为"炮豚"（烤乳猪），南北朝时在齐鲁地区非常盛行。北魏时我国古代杰出的农学家贾思勰在其所著的《齐民要术》中专门对烤乳猪夸赞道："色如琥珀，又类真金，入口则削状若凌雪，含浆膏润，特异凡常也。"据袁枚《随园食单》记载，到了清朝，烤乳猪已传遍大江南北,烧烤之法各式各样。随着烧烤工具、烧烤技术、烹饪水平的不断发展,广州地区的烤乳猪技术自成一派。传统的光皮烤乳猪,着重赤皮美观,但缺乏酥化,香口但容易刺口。而脆皮乳猪作为广州的名菜,在烧烤过程中,以麦芽糖起焦化着色作用,白醋起脆皮作用,再加入度数高的白酒起酥化的效果,烤出来后皮酥起麻,口感绝佳。任何一个到了广州的游客,如果你没坐下尝一次正宗的广州脆皮乳猪,都不好意思说你来过广州。

在著名的"满汉全席"中,烤乳猪被列为要菜之一,同烤鸭一起称为"双烤"。随着"满汉全席"的盛行,烤乳猪曾传遍大江南北,但是也只有在广州才这样历久不衰。

广州人在某些方面还是比较传统的,每逢婚嫁祭祖或者店铺开张,都会用到烤乳猪。依稀记得,儿时的自己每次和妈妈去参加婚礼,对我诱惑最大的莫过于脆皮乳猪这一美味佳肴了。通常,在婚礼的宴席上,主人都会准备一只烤得油亮亮的乳猪,看着就像一件艺术品,它的肉味,它的气息,都充满了无限诱惑。真是色香味俱全,吃到嘴里,让人回味无穷。直到现在,妈妈还时不时地提起我小时候吃脆皮乳猪的窘事,妈妈说我好多次都因为太过心急,吃得过快,而将舌头咬破。

如今,脆皮乳猪早已成为人人争相赞誉的名吃。在广州,很多内行人都认为利苑酒家的脆皮乳猪为最佳。这个店可以称得上"顶级粤菜餐厅"之一,它的每一道菜都非常有特点,并且非常美味可口。总之,来到这里,你一定不虚此行。

鸿运打边炉

地址　广州市天河区天河路208号天和城4楼
电话　020-85593498

港式火锅
独具特色的人间美味

对于外地人来说，提起火锅，可能第一反应就是四川的麻辣火锅了。其实盛行于南方地区的港式火锅，也别有一番风味。粤语中称火锅为打边炉。港式火锅的锅底以配料众多为主要特点，肥牛、鱿鱼、白鳝、象拔蚌、生蚝、鱼滑、虾滑、三文鱼、鹅肝、霜降牛肉，都是非常热门的配料。与其他地区一样，港式火锅也有鸳鸯锅，常用高汤及沙嗲汤，两汤同吃，然后在烫熟食物后蘸酱油食用。

主要流行在香港及广东各地的港式火锅中有一个非常著名的醉鸡锅，指的是把半只鸡甚至一只鸡连同花雕酒以及当归、北芪、枸杞等中药材共同当作锅底。

粥底火锅也是一种比较正宗的港式火锅。这种火锅一般用米粥作为火锅的汤底。记得家里每到冬天的时候，总会做这种粥底火锅，里面有珍珠蚌、蛏子、红油蚌以及一些海虾、螃蟹等食材。吃的时候先淡后浓，先吃味道最为鲜美的海鲜、河鲜，然后烫些肉类，最后下点青菜，而味道自始至终都是清香爽口的。记得妈妈在最初做的时候，粥底总是打不好，为此还特意去请教了一位专业的师傅，才把粥底做得美味。据师傅介绍，粥水在放入海鲜、河鲜滚过后，鲜味最为诱人。这个时候的粥水，完全可以先舀上一碗，品尝一下新鲜原味的汤底。如果嫌清淡，还可以加入一些不太油腻的肉类，使其味道更加丰富。做好锅底，是火锅好吃的前提，掌握好火锅粥底的熬制技巧，就一定可以做出非常好吃的粥底火锅。

港式火锅还有一类非常著名，那就是猪骨煲，它源自澳门，逐渐流传到广州地区，吃法与港式火锅非常相似，都非常注重锅底和配料。有时人们为了尝试新做法，会将猪棒骨与其他材料一起熬煮，再加上白胡椒和粗盐调味而成奶白色的火锅锅底。

火锅这种吃法，深层次地表现了中国饮食文化蕴含的和谐性。复杂多样的原料、汤料和精湛的烹饪技巧相互配合，使得荤素、生熟、麻辣和鲜美、清香、浓醇等味道美妙地结合在一起。一堆人坐下来点上一份港式火锅，畅快淋漓地品味着独具特色的美味，那是一件多么幸福的事。

说到火锅选料，那真是包罗万象，无奇不有。就连菜品都要有几百种之多，几乎包含了所有的可以食用之物，从瓜果蔬菜到各类家禽、水产、海鲜、野味，应有尽有。

吃火锅，最重要的是汤底。天河路上的鸿运打边炉，经营的就是港式火锅，这家火锅店用的都是真材实料，仅汤底就有近十种选择，可以最大程度上满足不同人的口味。每个类型的汤底都有其独特之处。而且，每次吃完，还有免费甜品赠送。

寒冷的冬季，一家人或是几个朋友一起出去吃上一次港式火锅，真是幸福感爆棚。看着服务员陆续将点的菜端上来，真是馋死了。看着沸腾的锅底，莫名地感到一种温暖。每次我都迫不及待地将食材放到锅里，煮熟后捞出来吃，一口接一口，简直停不下来。除了海鲜，吃火锅必不可少的还有芝士牛丸，吃的时候，满口浓浓的芝士味，那种美妙的感觉简直难以形容。除此之外，双拼青菜、虾滑、黑木耳等都是吃火锅必不可少的搭配。

如果你冬天恰好一人在广州，一定不要错过那一锅热气腾腾、鲜香满溢的港式火锅，因为它会是你在微寒冬日里的一份温暖。

七寸飞蛇餐厅

地址　广州市天河区黄埔大道西668号赛马场食街内

电话　020-38350666

龙凤煲
闻名中外的美味

"龙凤煲"是一道有名的特色粤菜,也是闻名中外的广东传统名菜。发展到今天,这道菜在其他很多地方也有。不过在不同地区这道菜的主要材料有所不同。广州的这道菜主要材料是蛇和鸡肉,其味道鲜美,名扬于海内外。

用蛇制作菜肴的历史非常悠久,当然也会有相关的一些民间传说。

相传,最初的"龙凤煲"在古代是一种宫廷菜。清朝同治年间,有个名叫江孔殷的人,曾在京城为官。后来,卸任回乡之后,他因为一直对烹饪很有兴趣,经常研究烹饪,他想在自己的余生创造出一种前所未有的新菜,并在他七十大寿生日时,让宾客尝到这一新菜。他尝试用蛇和鸡肉制成菜肴,在当时蛇意味着龙、鸡代表着凤,都有喜庆之意,他一时兴起,便给这道菜起名为"龙凤煲"。宾客品尝过后,都连连赞叹,感觉味道非常不错,他们指出唯一的缺点就是这道菜品单单只有蛇和鸡,鲜味不够突出,建议再加一些山药、红枣之类的配料，可能效果会更好。于是，他就根据大家的意见又在此菜中加了一些可以提鲜的菜品和调料，果然不出所料，其味更佳，这样此菜便一举成名。此后，此菜流传开来，尤其广泛流传于广州韶关一代，成为粤菜系的主要特色名菜。一直到今天，在广州依旧尤为流行。

"龙凤煲"以蛇肉为主料，非常好吃。而位于黄埔大道上的"七寸飞蛇餐厅"将这道菜做到了出神入化的地步，做菜师傅做法非常精细，选用多种配料。做出来的菜肉嫩香滑、异常鲜美。每次从外地回到家乡，我总会第一时间来这家店点上一道"龙凤煲"，来解解馋。

在我看来，人的味蕾一定是有记忆的，时隔多年，不管走到哪里，家乡的那道独特的菜肴始终存在我的心里，在异乡求学、工作时，我总会时不时地想起这道熟悉而又遥远的味道。在我看来，我家乡的这道"龙凤煲"就是我在滚滚红尘之中最难以忘怀的一道风味佳品。

炳胜品味(天河分店)

地址　广州市天河区天河东路 168 号

电话　020-87518682

金沙汤圆

飘来一缕麦香

说到汤圆,大家都不陌生,每逢正月十五元宵节,家家户户都要吃上一份汤圆,希望新的一年能团团圆圆、阖家幸福、生活美满。汤圆是中国传统小吃,历史悠久。相传,宋朝时人们发明了一种新奇食品,用黑芝麻、猪油做馅,再撒入适量的白糖,外面的皮用糯米粉搓成圆形,包好煮熟后,吃起来香甜可口,别有一番风味。因为这种糯米汤圆煮在锅里又浮又沉,所以最初人们也称之为"浮元子",之后有些地区将"浮元子"也叫作"汤团",而广州人则喜欢称之为"汤丸"。

传统的汤圆可以用白糖、玫瑰、芝麻、豆沙、黄桂、核桃仁、果仁、枣泥等为馅,用糯米粉滚成圆形,可以汤煮、油炸、蒸食,有团圆美满之美意。随着时代的发展,汤圆的种类、制作方法也是大有不同。

如今的金沙汤圆便是一种改良后的汤圆,它的大小与传统汤圆并没有什么不同,二者的区别主要体现在做法上。金沙汤圆之所以得名"金沙",是因为它的外皮和馅均呈金黄色,并且馅具有流沙般的质感。咬上一口金沙汤圆，咸蛋黄的流沙口感和黄油的软滑香浓滋味便充盈整个口腔。

朋友对炳胜品味的金沙汤圆赞不绝口。他告诉我这家店最初只是大排档，如今已经成了比较老牌的粤菜馆，而且已经开了很多家分店。这家的金沙汤圆感觉跟其他家的不一样，没有传统汤圆的细腻感，外面是一种非常厚的皮，与糍粑很像，但是却非常香。

制作金沙汤圆所需要的材料有南瓜、糯米粉、牛奶麦片、黄油、熟咸蛋黄、粟粉、炼乳等。第一步，是准备金沙馅，将咸蛋黄取出放在碗里，用勺子将其压碎。然后用小火将准备好的黄油加热，直至熔化，黄油热好之后，慢慢地将其倒入压碎的咸蛋黄之中。将粟粉和炼乳倒入咸蛋黄碗中，拌搅均匀，等到全部凝结后，好吃的金沙馅就完成了。

第二步，就是准备汤圆的外皮。首先将南瓜放到蒸锅里蒸软，然后取出来放到一个盆子里将其压碎，接着再依次加入糯米粉，将二者充分搅拌，和成泥状的就可以了。

馅、皮都准备好之后，就到了第三步，包汤圆了。取适量的糯米南瓜和成的面团，用手压成圆形，就像包饺子似的，然后将准备好的金沙馅包到面皮里边，捏紧搓圆。

最后一步，在火上放锅，添入适量的水，待水沸腾后，将包好的汤圆放

到锅里煮。等到汤圆浮起来，用勺子盛出，再放到冷水中过一遍，这样，才能使表皮爽滑不黏口。汤圆冷却过后。放到已经撒满麦片的碗中，不断地晃动，最终使整个汤圆都包裹上一层麦片就可以盛出来食用了。

目前，汤圆已成了一种四时皆备的点心小吃，随时都可以吃一碗解解馋。合适的时机，带上你的朋友、家人，一起来品尝金沙汤圆吧。

卓越火勺店

地址　广州市天河区黄村路5号

电话　13640249781

天河区　粤味风情一网打尽

白玉翡翠

翠绿掩映下的『白玉』本色

"白玉翡翠"这道菜在老广州人的心里,不仅是一道最常见的家常菜,还代表着广州最家常、最平淡的生活。

细细咀嚼一盘刚出锅的白玉翡翠,可以更深入地感受广州人质朴而丰富、自由又散漫的惬意生活。听闻其名,相信大家都能想象其形,是的,通俗一点来说它就是"一清二白"的油菜豆芽炒肉丝,白玉指的就是豆芽和鸡胸肉,翡翠指的就是油菜。一盘白玉翡翠,既包含了油菜特有的清香,又蕴含了鸡胸肉特有的肉香,两者交融在一起就形成了独一无二的粤菜味道。此外,白玉翡翠的精华还在于鸡胸肉的腌制。一盘再简单不过的白玉翡翠,虽然满是质朴之气,然则一顿饭吃下来,每个人都意犹未尽,忍不住再添一碗饭。

小时候,尤其是在夏天,也许是天气热的原因,我特别喜欢吃清爽可口的白玉翡翠。将腌制过的鸡胸肉爆炒,配上煸炒过的豆芽和翠绿的油菜,再将其与米饭拌在一起,滋溜溜地满满一碗饭就下了肚,吃完整个人都感觉清爽了许多。于是，每当我无法决定究竟要做什么菜肴时，三五根油菜，二三两鸡胸肉，这就是我最爱从冰箱里翻出来的两样食材。十几分钟，就可以端出来一道白玉翡翠。白玉翡翠就像番茄炒蛋一样，在广州街头的任何一家饭店里都能见到它的身影。

夏日的一天，闲来无事，我和一个朋友准备出去逛一圈。我们俩看到一家饭馆张贴了白玉翡翠的照片，回忆起小时候的味道，就情不自禁地走了进去，找了个靠窗的位置坐下，点了一盘白玉翡翠，外加一份罗汉斋，一人一碗白米饭。不到五分钟，热乎乎的饭菜就上齐了。翠绿的油菜点缀着香喷喷的鸡胸肉和豆芽，盘底一点点油汤，让人食欲大开。我夹起一筷子油菜和豆芽，大口咀嚼，清爽中还带着浓浓的香味；再夹一筷子肉丝放在米饭上，淋上一点点汤汁，肉鲜嫩多汁，汤香浓郁，配着热乎乎的白米饭，在酷热的天气里让人大呼过瘾。眼见一盘白玉翡翠迅速被扫荡完了，而我那燥热的暑气似乎也被这可口清爽的饭菜安慰下来。

出了餐厅，我又细细回味刚刚的一切，仿佛自己又回到了儿时时光，在感慨时光的同时，也很高兴自己又重新体验到当初的幸福。

如果初来广州，想吃上地道的白玉翡翠，黄村路上的卓越火勺店是个不错的地方。这家店的门脸不大，但是干净整洁，服务周到，菜品醇正鲜美。你可以在这里与三两好友相聚，点几盘正宗的粤菜，消磨一段悠悠然的美妙时光。

陶陶居酒家

地址 广州市天河区天河路228号正佳广场6层C059铺

电话 020-38373302

柠檬鸡
酸中透辣的别样风味

柠檬鸡是广州的一道汉族名菜,主要食材是鸡,质地外酥内嫩,鲜、咸、酸、甜俱备,风味独特,深受食客喜欢。

其实,柠檬鸡并不属于广州本地风味,而是吸收了东南亚傣味柠檬鸡的做法后融入了本地的特色而成。

虽然已是夏末初秋,暑热还未完全退去,神情总是恹恹,胃口也提不起来。此时我便特别想念柠檬鸡的味道,酸酸甜甜,鲜香爽口,能开胃,还能解暑利下,正是这个季节的最佳菜肴。

在广州的百年老店陶陶居酒家就能吃到地道的柠檬鸡,作为老式餐厅,它极具古色古香的味道。外观为红墙绿瓦、雕梁画栋的民族建筑,厅房宽敞明亮,陈设雅致。

而我,则一个人来享受这样的静谧时光。柠檬鸡是我的心头爱,每次来都必点一份。

由于这道菜并没有统一的做法,而是充满了创新之处,所以每家餐厅的做法、选料都各有不同。有人选用鸡胸,有人选用鸡腿,也有人选用整只鸡。形状也各不相同,有的切条,有的切块。好在做法大致一样,最后的味道也并没有太大差别。

鸡肉划几刀,以柠檬汁、盐、料酒、胡椒粉、葱、姜等辅料涂抹鸡肉使之入味。当然,最好吃的鸡肉还是要选用本地的土鸡,肉质更鲜嫩。鸡肉裹上鸡蛋、面粉下锅炸至浅黄色再升温二次炸至金黄色捞出控油。起锅之后,再以柠檬汁、盐、料酒、胡椒粉、葱、姜等辅料调成味汁,口味合适后勾薄芡淋于鸡肉之上,也可以蘸食。同样是酸,用柠檬调味和用醋调味绝对不可同日而语,那种酸中带着微甜、带着辛辣的清香爽口,能给味蕾带来全新的感受。

正自我陶醉着,柠檬鸡便闪亮登场了。整齐的鸡块被炸过之后金黄发亮,中间夹几片柠檬,美观大方。旁边的空调吹过来几道冷风,吹得柠檬香气更加浓郁。我忍不住咬了一口,鸡肉外酥里嫩,滋味鲜美。柠檬的清香和酸味时隐时现,灌满了整个口腔,冲淡了鸡肉的油腻,让人停不了口。再仔细品尝,你还会发现,酸香之中,似乎还有一些微辣,那是小米椒的味道,让整道食物的口感更加丰富。

柠檬鸡,酸中透着香,香中浸着辣。它独特的口味令人欲罢不能。

甜蜜蜜（昌乐园店）

地址　广州市天河区员村昌乐园 23 栋 101 号
电话　020-85545774

水果冰粥
最是清甜『冻』人

在一个酷暑难当的午后，吃上一碗高颜值的水果冰粥，那个感觉非常棒。五颜六色的水果，沁人心脾的一抹清凉，不仅给人带来感官上的愉悦，细细品味之下，更是满足了炎炎夏日下味蕾的需求。相信很多人喝下一碗水果冰粥，都会不由自主地赞叹道："啊，好爽！"

冰粥是从中国台湾引入大陆的。对于广州人来说，这是一种非常棒的夏季美味。炎炎夏日，它可以很好地帮助我们清肠胃、去暑气，还能给我们送来一丝醉人的凉爽。

水果冰粥是一个统称，它包含很多不同类型的冰粥，苹果冰粥、西瓜冰粥、枇杷冰粥……

广州的冰粥像潮州粥品一样，里面有没化尽的米粒，还加上了各种水果粒，吃起来甜润清淡，尤其适合夏天吃。特别是女孩子非常适合吃这种粥，它口味清淡，热量也低，即便常吃也不容易让人长胖。

坐落在天河区的甜蜜蜜，是一家小小的冰粥店，名气很大。虽然没有豪华精致的装修，但是粥品可谓是包罗万象，有热粥，有冰粥，有南方口味的，也有北方口味的，而且每种粥品后面还注明了它的营养价值，十分贴心。客人还可以依照各自不同的喜好，自行加入碎冰、红豆等配料。我非常喜欢在吃冰粥的时候加上适量的红豆，红豆吃起来松软，而且很有嚼头，和着碎冰和米粒吃上几口，温润清爽，实在是从舌尖到喉咙都无比惬意清凉，回荡在口里的是甜甜的味道。

水果冰粥好吃又不难做，深得我的喜爱。小时候，妈妈会在家里做冰粥，在我玩得满头大汗回到家的时候，她都会给我端上一碗水果冰粥。那味道别提多美了，现在想起来，还是满满的幸福感。我现在长大了，在妈妈的帮助下，我自己也会做上一碗好吃的水果冰粥，在妈妈下班的时候，端到她面前。水果冰粥的做法非常简单，首先是要取粳米和糯米，以5:1的比例混合淘洗干净。然后加入足够多的水，将其浸泡至少二十分钟。之后将其放到电饭煲内煮熟。如果喜欢比较甜的口味，就在粥快煮好的时候放一些冰糖进去。等到粥煮好之后，将其用碗盛出来，彻底放凉。趁着粥在凉的过程中，快速地洗好自己选好的水果，如杧果、西瓜、苹果等，切成适当的碎块。待粥完全冷却，将水果碎块一起放到粥里，混合搅拌一下，放入冰箱冷藏一小时左右即可。假如喜欢吃冰，可以冻些冰块，然后用搅拌机打碎，在吃粥的时候放进去。

炎炎夏日，烦得让人心躁，食欲也容易不振。这时，不妨自己动手做上一碗赏心悦目的水果冰粥，既能清凉解暑，又能补充营养。

虽然冰粥凉爽可口，在夏季时可以帮助我们很好地解暑去热，但是早餐我们最好不要喝冰粥，而且平时肠胃不好的人也不宜过多食用。

> **油腻大叔**
> 地址　广州市天河区宜溪西路 42 号 D 栋 102 房
> 电话　18826514431

天河区　粤味风情一网打尽

潮州肉冻
晶莹剔透如水晶

在广州待得久了，你会发现这里的人们吃的不仅是食物，而是健康，是对奔波生活的一种慰藉。

近年来，一些养生美容的菜肴受到食客们的欢迎，不过在广州，很多营养丰富的菜肴都需要细火慢炖，对于生活繁忙的都市人来说，慢炖十几个小时的老火靓汤固然吸引人，但是那些具有养生美容功效的菜肴更受人们的青睐。尤其是爱美的女性，既想品尝到好吃的菜肴，又想顺便补充胶原蛋白，保养皮肤，而且还不想过于麻烦和浪费时间。广州的潮州肉冻是一道传统名菜，在当地极受欢迎，它看似普通却方便可口，既营养又美味，恰恰可以满足爱美人士的需求。

肉冻是补充胶原蛋白的养生美食，主要食材是五花肉、猪皮和猪脚。猪皮中富含蛋白质和胶原蛋白，能增强皮肤细胞活力，加强皮肤弹性和韧性，使皮肤变得娇嫩、细滑。

每年冬天，广州人都会制作别具特色的肉冻。这道菜晶莹剔透，味鲜软滑,肥而不腻,入口即化,以鱼露、香菜佐食,风味更佳,是广州的冬令凉菜名品。

潮州肉冻的做法并不复杂。先把五花肉、猪脚和猪皮清洗干净,然后切成块,用沸水滚烫一分钟,捞起洗净。接着在炒锅里放入清水烧沸,加冰糖、猪油、鱼露,用竹算子垫底,把全部肉料放在竹算子上,用中火煮沸,再转小火熬至软烂。最后一直炖成浓缩原汤,撇去浮沫,加入明矾和味精,用洁净的纱布过滤肉汤,等肉汤冷却凝结之后,取出放入碗碟,好吃的肉冻就做好了。

当然,肉冻的做法不拘一格,也不必非要照搬菜谱,因为这道菜的关键在于火候。正所谓"大火猛攻,小火慢炖",熬制肉冻的时候如果掌握不好火候,很有可能会前功尽弃。另外,熬制原料时,一定要撇清汤面的浮沫,熬炖的过程中如果砂锅中的汤太少了,可以临时加入沸水,但绝对不能加凉水,否则会影响口感。

听朋友说宦溪西路上有一家叫油腻大叔的饭馆,做的肉冻很地道。我慕名而去,走进店里,点了一份虾仁肉冻。他们家的肉冻有很多品种,有虾仁的、有猪肉皮的。没坐多久,肉冻就端上来了,油汪汪的色泽令人食欲大增。我吃完后,又点了一份皮冻,还跟店家多要了一些香菜和鱼露。老板对顾客非常热情,一边把切成片的肉冻放入包装盒里码好,一边叮嘱我肉冻买回去要尽快吃,因为天气热的缘故,肉冻放得太久会改变黏性,影响口感。

回到家之后，我马上打开包装盒，切成片的肉冻泛着晶莹的光芒，猪皮和肉早已经凝结一体，透明鲜亮。肉冻用筷子一拨，感觉弹性十足。我用筷子夹着轻轻蘸一点鱼露，一口吃下去，鲜香怡人，口感弹牙，猪皮的韧劲和香味体现得淋漓极致，实在好吃得不得了。

品尝完毕，我还久久地沉浸在美味中不能自拔。这家店卖的潮州肉冻，堪称是绝佳的美味，有机会你一定要品尝一下。

从前的小酒馆

地址　广州市天河区天河城体育西路 50 号

电话　020-85582920

糯米甜糟

酒不醉人人自醉

　　糯米甜糟，是广东的一道传统名小吃，历史悠久，十分受大家欢迎。清代顾仲《养小录》中就记载过它的做法：用上等的白江米二斗，浸泡半天，然后淘净蒸饭。把蒸好的米饭摊凉装入缸内，将酒曲均匀地撒在米上，然后用勺子翻动米饭，尽量将酒曲混合均匀。抹平米饭的表面，做成平顶的圆锥形，中间压出一个凹陷窝，将一点酒曲撒在里面，再倒入一点凉开水。将缸盖盖严，放在适宜的温度下（30℃左右），进行发酵。两天左右就能制成甜糟。

　　甜糟味道醇厚，虽然有酒香的味道，但并不是酒，不管什么体质的人都可以食用。这道甜品，虽然朴实平淡，却深得民心。民间有个习俗，孕妇生了孩子，月子期间几乎每天都要吃上几碗甜糟，以滋补身体，壮气活血。适逢满月酒，或者做大寿，客人一进门也要先吃上一碗甜糟。

　　糯米甜糟也是我小时候最喜欢的小吃之一，如今离家在外，很难再吃到这道小吃了。后来吃到过几次，也不是小时候的味道了。前一段时间回家，又想念起这一碗甜糟,便出去寻觅这道美味。

早就听说体育西路上的"从前的小酒馆"饭店做的糯米甜糟非常地道和美味,走到体育西路的这家饭店时,看到里面人气爆满,进去后二话不说便点了一份口水鸡和糯米甜糟。

很快,一位阿姨便端着一碗热乎乎的汤碗出来了,远看着就像小米粥那样浓稠。一股酒香缓缓蹿入鼻尖,家乡的味道瞬间得到了释放。我拿起汤勺尝了一口,酒香和糯米香浑然一体,浓厚黏稠,再细细一品,糯米好像已经化在了喉咙间,丝毫不见痕迹了。就是这样一碗简单平价的糯米甜糟,赶走了我一路的疲惫,安慰了我长久思乡的心。

带着酒香和米香的糯米甜糟,象征着喜悦与幸福的糯米甜糟,紧紧地诱惑着你的味蕾,你的舌头,你的胃,你的心,怎能不让人心生满足,飘然欲醉呢?

海珠区
美味中品尽世故人情 >>>>

  漫步在有着浓厚异域风情的海珠区,想必是件妙不可言的事情。穿行其中,让人有一种恍如隔世的感觉,走累了,在人行道旁边的椅子上休息一会儿;饿了,找间店铺,一边欣赏美景,一边享用美食,如此便好。

南园酒家

地址　广州市海珠区前进路142号

电话　020-84448380

八宝冬瓜盅
最养生的"懒人菜"

每年，在夏天还将到未到的时候，广州就已经热气弥漫。不过，生活在这里的人们也是非常聪明的，早已经想好了应对暑气的妙招。在饮食方面就有一大妙招，那就是制作出了一种专门应对夏季时令的汤菜——八宝冬瓜盅。八宝冬瓜盅是家喻户晓的传统经典粤菜之一，历久不衰，其以冬瓜作为容器炖汤，故得此名。

八宝冬瓜盅乍一听名字，可能会让人感觉一头雾水。还记得，我最初给外地朋友说起这道菜的时候，他就是一脸迷茫。那什么是八宝冬瓜盅呢？其实它并不神秘。它所选食材是产在夏天的一种冬瓜，这种冬瓜在成熟之际，表面会有一层白粉状的东西，就好像是冬天所结的白霜，所以又称白瓜。冬瓜味甘、淡、性凉，有润肺生津、化痰止渴、利尿消肿、清热祛暑、解毒排脓的功效。

盅始于清朝。每到夏天，皇宫御厨都会奉命准备一些既营养又能清凉解渴的菜肴。他们将大冬瓜切去一片，挖去瓜瓤，然后用鸡汤、鸡丁、干贝、鸭肫、精肉丁、火腿丁、冬菇丁等原料，蒸制成"冬瓜盅"。制作出来后，味道鲜美，甘醇可口，深受皇帝、大臣和嫔妃们的喜爱。之后，随着皇帝的多次微服私访，随行的御厨也将这道菜一起带入民间。

民国时期，冬瓜盅便被更名为"八宝冬瓜盅"。八宝冬瓜盅曾被多次评为广州十大名菜。后来，八宝冬瓜盅里面的主料逐渐变为相对稳定的八种：烤鸭肉、虾仁、新鲜莲、精肉、鸭肫、鸭肉、干贝、鲜蘑菇。

如今在广州地区，八宝冬瓜盅首先选用的材料就是冬瓜、鸡汤、鸡肉、山珍，外加瑶柱、虾仁作为"八宝"，既清凉爽口，又鲜美喷香。

广州的很多饭店都有这道养生菜。无一例外，这道菜的成品都是汤中有冬瓜的清香，冬瓜肉里有馅料的味道，汇集多种原料的味道，清香味鲜，口感独特。

如果想要吃上正宗的八宝冬瓜盅，一定要去海珠区的南园酒家。这是一家老店，始终秉持着"弘扬广州文化、丰富广州美食内涵"的宗旨，店内环境非常好，采用的是青砖绿瓦、翘角飞檐、亭台楼阁、小桥流水等岭南建筑园林风格设计。园内竹林婆娑，鸟语花香，是当之无愧的广州市四大著名园林酒家之一。来到这里，不仅可以享受美食的盛宴，还能受到美景的熏陶。快来这里享受一场美食与美景的盛宴吧。

一品潮兴砂锅粥

地址　广州市海珠区南州北路3号

电话　13726885132

炒田螺
香中透甜，辣中回甘

　　炒田螺是广州地区一道汉族传统名菜，在广州，每到万家灯火之时，很多地方就会摆起小摊，架炉设锅，炒卖起田螺来，现炒现卖，香味好不诱人。

　　相传，炒田螺最初是从顺德传入广州的。当时人们炒出的田螺总是带着一股泥腥味，人们都不太喜欢吃。后来，泮塘有一个叫李细苏的农夫，无意中发现了用紫苏叶炒田螺可以除去田螺本身的泥腥味。这个方法得到验证之后，很快被很多人采用，渐渐地就流传开来。后来，人们在原有的基础上进行改进，在田螺下锅前先用油捞一下，然后再下紫苏叶炒，同时搭配着辣椒、蒜头、豆豉等作料，这样做出的田螺味道更加鲜美。就这样，炒田螺逐渐成了广州人所喜爱的一道特色美食。

　　有时候，我们会觉得幸福很简单。还记得小时候最美好的记忆就是爸爸从外面带回来的一份炒田螺，闻着那扑面而来的诱人香味，我会放下手上正在做的任何事情，扑上前去吃个不停。在我的童年记忆中，炒田螺是我最喜

欢的一道美味。也许，这里面有家的味道吧、

白驹过隙，转眼间，我已长成了大姑娘，但是依然无法割舍对这份美食的喜爱。我现在每一次回家，都会去我家附近的一品潮兴砂锅粥来一份炒田螺。每次吃炒田螺，我都能回忆起这些埋藏在小小田螺里的温情和关爱，回忆起家的味道和温暖。

吃田螺也是一个技术活儿。首先需要用食指和拇指把田螺的尾部放进嘴边，吸出其汁，同时顺带一吮，把螺尾肉拉出来，然后再把田螺旋转过来，把头部放入嘴里用力一吸，整个螺肉便吃到嘴里了。细细品味，鲜美、甘香，怎么吃也吃不够。

生命中总是会有些东西让你依依不舍，或是地方，或是景色，抑或是食物。炒田螺对很多人来说就是让人恋恋不舍的一道美食。

包道广式点心专门店
（万松园店）

地址　广州市海珠区前进路万松园16号

电话　13632497837

荷香糯米鸡
用清香挑逗味蕾

说起荷香糯米鸡，就不得不讲一下它的历史。相传荷香糯米鸡起源于1949年以前的广州夜市，最初是以碗盖着蒸熟而成，后来小贩为了方便肩挑出售，改为以荷叶包裹。就这样商贩不经意间发现，用新鲜荷叶包裹的糯米鸡，味道更加独特。糯米的黏性配上鸡肉的香滑，其中还带着荷叶的香气，口感非常清爽。于是，糯米鸡与新鲜荷叶就成了标配。最初的糯米鸡用的是糯米、珧柱、虾干粒或去骨的鸡翅等做馅料精制而成，其分量非常大，足有三四两的糯米，吃一个糯米鸡已差不多是半顿饭量。

滋味鲜美、肉质细嫩的荷香糯米鸡属于广州老百姓家中的常客，几乎是餐桌必备品。逢年过节少不了它，宴请亲友也少不了它。吃的时候，整个餐桌都散发着清香，那滋味回想起来，依然让人忍不住流口水。

我的妈妈格外重视早餐，对早餐她有着丰富的研究。为了给我们换换花样，同时保证足够的营养和能量，她有时会专门在早上给我们做荷香糯米鸡。因为糯米有养胃健脾的功效，鸡肉又能补充蛋白质，让营养更均衡。为此她专门研究这道菜的做法，到现在为止，她已经可以很熟练地将荷香糯米鸡做出好几种不同的口味，她还特地教过我她最拿手的一种做法。

妈妈告诉我做荷香糯米鸡要先将糯米、荷叶提前浸泡，糯米浸泡两个小时，荷叶需要浸泡至少三个小时。待荷叶和糯米都泡好后，开始处理那些切好的鸡块。鸡块需要切得小一些，然后用料酒、蚝油、生抽、盐、姜末拌匀，之后放入冰箱冷藏至少两个小时。在这个过程中，另起一个锅蒸糯米，准备好一些需要用的香菇，等到鸡块从冰箱取出，就要开始翻炒鸡块。锅内放入少许的油就好，等油慢慢加热，将鸡块倒入慢慢翻炒，直至颜色微微变化，这时，将准备好的香菇倒入，翻炒均匀。将熟之时，加入少许的水将鸡块和香菇焖大概十五分钟，直到水差不多蒸发完就可以了。之后，再将炒好的鸡块和蒸好的糯米放在一起，搅拌均匀。最后，将一张干荷叶剪成四片，将糯米鸡包好，放到蒸锅里，继续蒸大概二十分钟就好了。

听妈妈说完这些步骤，我简直惊呆了，没想到要做好一份上乘的荷香糯米鸡，竟然需要这么长的时间。虽然不是特别麻烦，但是也太耗费精力了，真是食之虽好、做之不易呀。现在每次去外边点这道美食，我都会由衷地感叹做菜师傅的不易。

在广州，要想吃到正宗的荷香糯米鸡，我觉得海珠区万松园附近的包道广式点心专门店就非常不错。这家店做的荷香糯米鸡和各种点心非常有名，慕名前来的顾客络绎不绝。我最初找到这个地方的时候，是偶然路过，寻着香味找到了这里。坐下来，吃一口荷香糯米鸡，满嘴的香气充斥着味蕾，那种感觉真是美妙。这时再配上一杯牛奶或是果汁，滋味更加美妙。

> **茂港柏香**
> 地址 广州市海珠区侨城花园侨港路18铺
> 电话 020-34232192

雷州羊肉火锅
山珍海味融于一体

在古时候,火锅也称"古董羹",因把食材放入沸水里发出"咕咚"声而得名。

据考证,在东汉时期中国就已经有火锅了。白居易曾有诗云:"绿蚁新醅酒,红泥小火炉。晚来天欲雪,能饮一杯无?"在这首诗里对吃火锅的情景描绘得可谓惟妙惟肖。宋代时,民间更是流行吃火锅,在《山家清供》这本书的食谱中就有对吃火锅的介绍。到了元代,火锅这种吃法流传到蒙古地区,当地人便用这种方法煮食牛羊肉,也极为受人欢迎。至清代,火锅已经不仅是一道民间佳肴,还成了一道颇为有名的"宫廷菜",在里面加入了不少山鸡等野味,更加美味。

火锅的吃法一般有三种,第一种以广式打边炉为代表,汤味较淡,主要涮一些生食,味道主要靠蘸料来支撑;第二种是先把一些主料煮熟,再往里面涮些青菜之类的配菜,比如砂锅鱼头、羊蝎子之类的;第三种是满锅的食材都已经煮熟,哪怕青菜都不用再涮,炉火只是为了保持温度,有点类似大锅菜的感觉。

雷州羊肉火锅是典型的海珠区特色美食，既是非常贴近大众生活的一种美食，也是融山珍海味于一体的美食。制作雷州羊肉火锅时，先把切好、过水后的羊肉在锅中爆炒，放入白腐乳、排骨酱、磨豉酱、叉烧酱等十几种酱料，还有用八角、陈皮、草果、罗汉果等熬成的药材水，再加入椰子、马蹄、玉米、萝卜等，同时放入30多种温补的药材，如红枣、当归、党参、桂圆肉等。把配好材料的羊肉在高压锅内焖五六分钟，然后就可以端上桌了。这时锅内的底料已经全部都是熟的了，可以直接食用，也可以加一些自己喜欢的青菜，涮一下配着小料吃，非常美味。

在广州，天气稍微转凉之后，各个酒楼、餐厅纷纷开始提供羊肉火锅。其中茂港柏香的雷州羊肉火锅最地道。来到这里，点上一份雷州羊肉火锅，上桌的火锅汤，并不是大家常见的娇嫩白汁，而是轻微泛起油黄色，听这里的厨师说，这样的汤料才是最正宗的。我拿起汤勺，轻轻尝一口，香气四溢，没有一丁点儿膻味。羊肉更是鲜嫩可口，肉质细腻，极其诱人，吃过一次，便能让你久久无法忘怀。

圣苑健康蒸菜馆
（江泰路店）

地址　广州市海珠区江南大道477号

电话　020-34376888

椒盐蛇碌
最家常的绝色美味

听一个北方的朋友说过，他在一本小说里看到了主角将蛇烤着吃，感到非常讶异，不能接受。我告诉他，这很正常。在广州，有很多店都是专门提供蛇肉的。关于蛇，还有很多不同的做法：椒盐蛇碌、秘制水蛇粥、榕蛇起片、极水律蛇碌、枣耳蒸蛇腩。

因为岭南气候的原因，对于广州人来说，很早就开始吃蛇。蛇含有多种氨基酸，可祛风活血，对风湿病有奇效，粤地祖先很早就有吃蛇的记录。在汉代杨孚的《南裔异物志》中就记载了吃蛇的情境，就连苏东坡被流放到岭南的时候，也是吃过蛇的，从他的诗句"平生嗜羊炙，识味肯轻饱。烹蛇啖蛙蛤，颇讶能稍稍"中可以看出，他对蛇肉是非常喜欢的。

这道菜对于茶楼、酒楼来说，几乎是每家必备，而对于每一个家庭来说，很多人也喜欢在秋冬寒冷之季，将其作为一道家常菜。这道菜做法较为简单，首先是准备相关的基本材料，如葱、姜、吉士粉、花椒、盐、绍酒、干淀粉、色拉油等。准备好材料之后，便需要将蛇肉洗干净，然后切成大概5厘米长的段后放入高压锅内，加入适量的水，再等待大约15分钟，将炖熟的蛇肉盛出后加入盐、吉士粉、绍酒、葱、姜、干淀粉等，搅拌均匀。最后一步便是油炸了，在炒锅中倒入食用油，大约在油烧至七成热的时候，放入拌好的蛇段，开始煎炸。当蛇段变成金黄色的时候，将蛇段捞出控油之后放在盘中，撒上一些花椒、盐便好了。做好后，看着色泽金黄的蛇肉会让人忍不住拿起筷子吃一口，外脆里嫩，相当美味。

在海珠区，想要吃上一份美味可口的椒盐蛇碌，一定要到圣苑健康蒸菜馆。这里不仅椒盐蛇碌做得地道，而且店内装饰简约大方、干净整洁，桌子摆放得整整齐齐。这里菜品好，价格也不贵。不管你是一个人，抑或是一群人，这里都是一个非常不错的吃饭的好去处。

特别提醒一下没吃过蛇肉的朋友，一般情况下，经过处理做成成品的椒盐蛇碌，已经看不出蛇的本来面目了。你只管放心大胆地食用，享受好吃又美味的蛇肉吧。

稻香酒家（新港分店）

地址　海珠区艺洲路灏景街1号珠江帝景酒店东座1-2楼

电话　020-61297552

娥姐粉果
百米邂逅半月

　　粉果是广州地区有名的汉族传统名点，皮薄馅靓，令人垂涎不已。其皮由米粉制成，有多种形状，大部分是半月形。馅的内容很丰富，通常包括鲜猪肉、虾肉、叉烧、笋肉、冬菇等。

　　广式的粉果通常被称为娥姐粉果，这里面是有渊源的。相传，在很久以前，广州的西关达官显贵云集，每家每户都有自己的女佣。这些女佣，不仅能打理家务活儿，还有一手的好厨艺。有一位富贵人家的女佣名叫娥姐，这一天，主人宴请宾客，让她做些好吃的点心，她考虑再三，决定做一道人们从来没有吃过的点心，就这样，粉果诞生了。客人品尝过后，连连竖起大拇指，赞叹不已。慢慢地，粉果在上等人家的圈子里越来越受欢迎。一家茶香室的老板知道此事之后，重金聘请娥姐到店里为其制作粉果。老板为了表现自己的诚意，专门整理出了一个玻璃棚子供娥姐使用，还专门以"娥姐"的名字命名这种粉果。

这样一来，客人们不仅可以品尝到美味的粉果，还能在玻璃棚外看到娥姐是如何制作粉果的。于是，随着茶室生意越来越好，娥姐粉果的名气也越来越大。

娥姐作为一个用人，她所制作出来的点心居然能够登上大雅之堂，让大家竞相追捧，这也说明了娥姐粉果的美味与魅力。正宗的娥姐粉果，颜色嫩白，外皮非常薄，给人一种晶莹剔透之感，吃到嘴里香软柔韧、鲜香可口。

直到今天，娥姐粉果依然深受人们喜爱。在广州，我最喜欢的一家店是稻香酒家。这家店追求精益求精，全力为顾客提供最好的服务和最佳的美味。店内的布置和提供的餐点都是一流的，在这里吃饭可以说是一种享受。这里除了特色的娥姐粉果，各种其他的小点心也都备受青睐。

我总是喜欢在非常疲惫之时，点上一份娥姐粉果，就好像一份粉果就能将我所有的疲惫赶跑。走在回家的路上，不管遭遇多少挫折与不幸，却总能想象出充满口腔的甜蜜以及溢满心里的满足。

白云区
街头巷尾的饮食文化 >>>>

在湛蓝广阔的天空下,白云区风景优美,动人心弦,描绘着时代的脉动。美食的不断创新发展,使白云区这片热土焕发出新的活力。

百圣小厨（C店梅花园）

地址　广州市白云区广州大道北梅花园梅岗路1号

电话　020-87099280

白云猪手
岁月酿就的浓香

　　白云猪手是广州的历史名菜之一，广州几乎每家酒楼都有这道菜。外地人把猪的四只蹄笼统地称为猪脚，但是广州人对猪蹄是有所区分的，前面两只称为猪手，后面两只才称为猪脚。白云猪手这道菜，顾名思义，就是采用猪前蹄做成的菜。其制作方法是将猪手洗净斩件先煮熟，再放到流动的泉水中漂洗一天，捞起再用白醋、白糖、盐一同煮沸，待冷却后浸泡数小时，即可食用。食之觉得皮爽脆，肉肥而不腻，带有酸甜味，醒胃可口，食而不厌，颇有特色。这道菜为何要冠以"白云"两个字呢，则与广州的白云山有莫大的渊源。因泉水取自白云山，故名白云猪手。

　　关于这道菜，还有一个有趣的故事：相传古时候，白云山有座寺庙，寺庙后有一股清泉，泉水甘甜，长流不息。寺庙有个小和尚，调皮又馋嘴，从小喜欢吃猪肉。出家后，他在寺庙打杂为和尚煮饭。有一天，他趁师父外出，偷偷到集市买了些便宜的猪手，正准备下锅煮食。突然师父回来了，小和尚慌忙将猪手扔到寺庙后的清泉坑里。过了几天，总算盼到师父又外出了，他赶紧到山泉将那些猪手捞上来，却发现一个奇怪的现象，这些猪手不但没有腐臭，而且更白净。小和尚将猪手放在锅里，再添些糖和白醋一起煲，熟后拿来一尝，这些猪手不肥不腻，又爽又甜，美味可口。小和尚又惊又喜，此后他不但自己开了荤，引得其他和尚也破了戒。后来，白云猪手传到民间，人们如法炮制。

姑且不论历史的真实与否，白云猪手的美味似乎比那些传说与故事中的人，更能穿越历史的尘埃，在人们的舌尖流淌出不一样的味道。我们无从得知当年那个馋嘴的小和尚是否会相信，在他之后的百余年的时光里，这道菜会成为一个地区的标志，成为人们舌尖上的最爱。

随着历史的推进与饮食文化的发展，现今酒家、饭店里的白云猪手更注重色、香、味、形，加上五柳料或红椒丝点缀，色调和谐悦目，食味也更胜一筹。白云猪手发展到现在已经成了一道名菜，很多外地人会专门慕名来吃。目前在广州的一些老字号酒店都可以吃到这道菜。

而其中最负盛名的就是坐落在白云区广州大道北梅花园梅岗路的百圣小厨了，说起来我与这家店也算是颇有缘分。那日我与三五好友共登白云山，突遇大雨，避雨躲进这家店，却没想到淋了一场雨，寻了一处美食。至今我都仍然记得那种感觉，食物的美味遇上满足的幸福，总是来得恰如其分，相得益彰。

后来我来的次数多了，认识了饭店的大厨张师傅。他告诉我，白云猪手的传说是有一定科学依据的，因为猪手被扔到山涧之后，经过白云山清凉的泉水浸泡，油腻被带走，所以吃起来才会爽脆而不腻，独具风味。至于这道菜是不是小和尚发明的，并不重要，重要的是故事为这道菜增添了神奇的色彩，让人在吃猪手的时候更像是在享受一餐文化盛宴。

我相信白云猪手所带来和蕴含的美味与满足，会在人们的口口相传与不断改良中，继续焕发光彩，带给人们感动与幸福。

广州酒家

地址　广州市白云区云霄路353号5号停机坪广场露天美食广场

电话　020-36075228

麻皮乳猪
穿越千年的岁月

麻皮乳猪是一道具有汉族风味的有名的粤菜，历史悠久。早在越王墓的陪葬品中，就发现了一些专门用来烹制麻皮乳猪的烤炉和叉子。而在清朝，更有史料记载，麻皮乳猪被官方定为"满汉全席"菜色之一。

据记载，麻皮乳猪在最初的时候属于北方菜系，在西周时被列为"八珍"之一，那时候被称为"炮豚"（烤乳猪）。贾思勰在《齐民要术》中曾对烤乳猪的色、香、味至为夸赞："色如琥珀，又类真金，入口则削，状若凌雪，含浆膏润，特异凡常也。"

随着历史的发展，麻皮乳猪在广州人的生活中占据着越来越重要的地位，成了餐桌上一道不可或缺的佳肴。麻皮乳猪做法并不复杂。先将洗干净的乳猪用盐腌渍，烫皮。然后再在乳猪的表面洒上用糖、白醋、绍酒调成的糖水，最后放在火上烤制即可。烤熟的麻皮乳猪，色泽呈枣红色，因而人们一直将其看作是喜庆、美好的象征。每逢婚事、乔迁、新店开业，都会用上麻皮乳猪这道菜，一来保佑万事顺利，生活红红火火；二来祈求子孙家人健康平安。除此之外，麻皮乳猪在清明节祭祀祖宗的时候也是一个不可或缺的祭祀品。

关于麻皮乳猪，还有一个关键之处，那便是如何吃。广州人不仅讲究如何烹饪，还十分讲究如何吃，甚至已经将吃法升华为一种文化。吃麻皮乳猪前，专业的厨师会按一定步骤把乳猪的外皮切成32块，然后再还原乳猪本来的样子，将外皮覆盖在猪肉上，以便乳猪整体呈现在客人面前。客人开动的时候，会先搭配一些甜酱、细小的白砂糖吃这层外皮，吃到嘴里，会感觉甘香脆化，油而不腻。有时候还能听到它"咔咔"的声响，这是乳猪外皮裂开的声音。很多美食家吃过之后甚至都赞叹说："麻皮乳猪之美，重在外皮。"吃完猪皮开始吃里边的猪肉，用筷子夹上一块，肉又鲜又香，热辣辣、香喷喷的感觉混合在一起，让你体会到多层次的口感。

在广州，酒家、茶楼鳞次栉比，将麻皮乳猪做到极致的酒店也有很多。其中，广州酒家的麻皮乳猪是最有名的。广州酒家创建于1935年，素有"食在广州第一家"的美誉。

那次与初来广州的朋友一起去了这家饭店，一向对于饮食很是挑剔的朋友对于麻皮乳猪赞不绝口。本来我们已经吃得差不多了，临结账的时候看到了麻皮乳猪，于是我们两个吃货又坐了下来。我们后来都觉得这是我们最正确的决定。这家的麻皮乳猪，不但色泽好看诱人，而且味道也绝对是一流的，肉质滑嫩，皮质松脆，口感醇香，令我们两个人流连忘返。

小椰子主题风味餐厅
（嘉裕太阳城广场店）

地址　广州市白云区广州大道北1811号嘉裕太阳城广场3层No.381

电话　020-86211564

腊味煲仔饭
小巷里的脉脉温情

广州人不仅擅长烹饪美食，还十分擅长寻找美食，不管是街边小馆，还是五星级饭店，只要那里的美食足够美味，广州人就一定能够寻觅到。我想，在每个广州人的记忆深处，都住着那小巷深处的脉脉温情——腊味煲仔饭。

煲仔饭，也被称为瓦煲饭，是一款广州地区的特色美食。从名字就可以看出，它是用瓦做成的"煲"，火候的掌握，是其好吃与否的关键所在。它的做法非常简单，只需要把淘好的米放入煲中，加入适量的水，把米饭煲至七成熟时加入配料，再转用慢火煲熟即可。正宗的腊味煲仔饭，鲜香可口，那又焦又酥的锅巴干香脆口，吃过之后，滋味悠长，唇齿留香，令人回味无穷。

煲仔饭的历史，可以追溯到两千多年前，据《礼记注疏》记载：周代八珍中的第一珍叫"淳熬",做法便是"煎醢加于陆稿上,沃之以膏"。意思就是将肉酱煎熬之后,加在旱稻做成的饭上,然后再浇上油脂。发展到了唐代,变成了"御黄王母饭",韦巨源在《食谱》上记载,这种饭是将肉丝和鸡蛋覆盖在饭的表面食用的,十分可口。而煲仔饭是如何出现在广州的,也有一个说法。相传,在20世纪30年代,煲仔饭出现在了广州市街头小食档,在那个时候,煲仔饭并不是一年四季都有,商贩只在秋冬两季卖,而且卖的多是腊味煲仔饭。后来经过不断发展,煲仔饭在广大食客之中需求量越来越大,才慢慢发展到如今随处可见的情形。

由于腊味煲仔饭做法简单,分量也大,吃起来既有肉香,也有米饭香,满足了人们的多种需求,不管是学生党还是上班族,趁着休息空当,吃上一份腊味煲仔饭,便是较好的选择了。如今,很多酒楼、小店都纷纷售卖腊味煲仔饭,不仅继承了传统的做法,还纷纷想出极具创意的新配搭,用料也变得灵活多样,将米饭与各种菜有机搭配起来,给食客多重选择。

在广州有一家名叫小椰子主题风味餐厅的煲仔饭非常有名,每到饭点门口总是会排起长龙。在餐厅外面,便看到里边很多排队等候吃腊味煲仔饭的食客,我们很好奇,有这么好吃吗,值得这样等候?于是我们也加入了长长的队伍之中。等了很久,终于到我们的了,我们迫不及待地揭开盖子,将那调味汁浇在饭上,只听得"吱吱"的响声,瞬间米饭就被染上一层酱汁的颜色,散发着浓郁的米香、肉香、酱汁香味,让我印象最深的是那煲底烧出的金黄色锅巴,又脆又香,实在好吃。总之,饭也好吃,锅巴也好吃,这一次总算没白等这么长时间,下次我还要来吃。

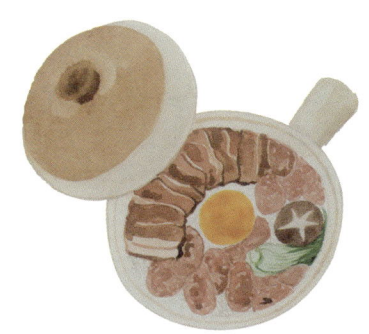

海南城

地址　广州市白云区机场路284号

电话　020-86120988

广州文昌鸡

肥而不腻，芡汁明亮

说起广州的文昌鸡，那可谓是闻名遐迩，它作为广州八大名鸡之一，主要以海南岛的文昌鸡为主原料，搭配火腿、鸡肝等配料，经煮、蒸、炒而成。成品造型非常美观，明亮的芡汁，加上肥而不腻、嫩滑可口的鸡肉、滋味各异的配菜，吃起来香味甚浓，煞是好吃。之所以用"文昌"二字：有两个说法，一个说法是因为首创这道菜时，选用的材料是海南文昌市的优质鸡；另一个说法是首创这道菜的广州酒家对于文昌鸡的发展有重大影响，而广州酒家位于广州市的文昌路。

相传文昌鸡最早发源于海南岛文昌市的潭牛镇天赐村。当时，村里有几棵大榕树，树籽落满地，一些鸡就以此为食物。从光绪年间开始，这些鸡经过一代代的发展，逐渐变成了如今身材娇小、毛色光泽、皮薄肉嫩的优质鸡种。虽然现在等待文昌鸡慢慢吃榕树籽繁衍长大不现实，但是对文昌鸡的培养依旧十分讲究，首先便是将鸡放养在山场树林之中，让它们在独立的空间自由活动，以野果、螺、虫、蚯等为食物。这样养起来的鸡，同样口味甚佳。

关于文昌鸡之所以能誉满天下原因,有很多说法。相传明代有一文昌人在朝廷当官,离乡回京时,特地带了家乡的几只鸡献给皇上,皇帝品尝过后,连连称赞道:"鸡出文化之乡,人杰地灵,文化昌盛,鸡亦香甜,真乃文昌鸡也!"还有一个说法,传说清朝时,有一个海南锦山地区的人在江浙地区做大官,有一年春节回家探亲,将要离家返回江浙时,到文昌潭牛镇天赐村拜访老朋友。这位朋友就用正宗的文昌鸡款待他,还特地选了几只较好的文昌鸡让其带回江浙,款待那边的亲朋好友。文昌鸡自此就名声大噪,被人广为称赞。

不久之前,一个北方来的朋友点名要我带他去吃正宗的广州文昌鸡。傍晚时分,我俩来到了海南城,六点左右人已经非常多了,但幸运的是,很快我们就在服务员的带领之下落座了。我第一件事情就是给朋友点上一份文昌鸡。

香酥爽滑、鲜嫩可口的文昌鸡盛放在特制的盘子里。鸡肉被切成大小均匀的长方形薄片,呈现出诱人的金黄色。我夹起一块,咬上一口,舌尖触及文昌鸡,先是文昌鸡经过油炸的外皮,又酥又香,紧接着便是里边又鲜又嫩的鸡肉,咀嚼一番,味蕾所及之处都是酥香爽滑的口感。

因为一道菜爱上一座城,这话一点儿也不假。朋友吃过这家店的文昌鸡,赞美之色溢于言表。一直感叹,下次来一定要再吃这道菜,这次回去也一定要带上一些,让家里的亲人也尝尝地道的广州文昌鸡。

阿英老火靓汤私房菜

地址　广州市白云区白云大道丛云路13号

电话　13719331877

老火靓汤
千载传承的广府汤

　　老火靓汤也被叫作"广府汤",通常情况下,这种靓汤的做法就是长时间地用慢火煲煮。提起这道靓汤,在我脑海中浮现的是妈妈对我说过的两点绝招:时间长、火候足,这些简单的字眼精辟地概括出了老火靓汤的特点。毫不夸张地说,这种老火靓汤绝对是广府人传承数千年的食补养生秘方,既有中药的功效,也有绝妙的美味,集众优点于一身,为人们所喜爱。

　　这种老火靓汤在广府流传已久,它的产生与广州湿热的气候有很大的关系。广州人为了适应环境,更好地调养身体,他们会选用不同种类的广州汤,随着季节、气候的变化而不断变化。长此以往,煲各种各样的老火靓汤成为广州人生活中不可缺少的一部分,老火靓汤当仁不让地成了广州饮食文化的一个标志。故而有俗语说:"宁可食无菜,不可食无汤。"亦有"不会吃的吃肉,会吃的喝汤"的说法。由此可见,老火靓汤在广州人生活中的重要地位。先上汤,后上菜,也是广州宴席的既定格局。

　　广州人如此重视汤,自然也喜欢研究汤的做法,像老火靓汤的种类就很繁多。广州人会将各种食材用不同的方法进行烹饪，做出不同口味、功效迥异的汤品来。可以入汤的食材有海鲜、肉、蛋、粮食、干果、药材等各种东西。而煲汤的方法也有很多种，熬、煲、烩、炖、煮等，让人眼花缭乱。把不同的食材进行不同的搭配可以得到不同的味道。颇有代表性的广州地方靓汤有凉瓜黄豆汤、冬虫夏草竹丝鸡汤、三蛇羹、玉竹百合鹌鹑汤、山药茯苓乳鸽汤、椰子鸡汤、西洋菜猪骨汤、半边莲炖鱼尾等。

在炎炎夏日，每天繁忙工作之余，喝一碗清心下火的老火靓汤，个中味道，让人惬意不已。

到广州的人都知道，老火靓汤很有特色，走进本地人家，你会发现这里的女子个个都能拿出煲汤的绝活。在不同的时令，广州的女人们会煲不同的汤，养胃的、去湿的、下火的。夏季有冬瓜排骨，冬季有土鸡茶树菇，还有花旗参、贝母、红枣，她们会精心选择放入不同的药材，用一道道汤料煲出不同的口味。她们的炊具也是极有讲究，用的是厚厚的砂锅。汤要慢慢煲，煮熟后还要再用小火焖四五个小时，这样才能保留原汁原味。一锅锅汤汁浓稠、汤味浓厚的老火靓汤中，蕴含着广州人的文化和哲理。

每到饭点，街头巷尾的各种店铺便热闹起来。位于丛云路的阿英老火靓汤私房菜也不例外，这家店里总是坐满了前来觅食的食客。这里除了招牌老火靓汤外，还有很多其他菜品，可以说是一应俱全。

叉烧·里

地址	广州市白云区江城路57号108房
电话	13802781521

蜜汁叉烧
不可辜负的甜蜜蜜

人们都说,广州的生活节奏快、生存压力大,但是广州的幸福指数却很高,这就要归功于各色的美食了。

在广州,人们对蜜汁叉烧尤其偏爱。蜜汁叉烧是甜品和肉相结合的产物,叉烧表面的蜜汁甘甜,肉质鲜美,风味独特,美味无比,可以让舌尖上的味蕾得到极大满足,是绝对值得品尝的美味佳肴。

根据历史记载,"叉烧"是由"插烧"发展而来的。"插烧"原本指的是将猪的里脊肉加插在烤全猪腹内进行烧烤。因为里脊肉最为鲜美,口感最好。但是,一只猪身上只有两条里脊,不能够满足顾客需求。于是聪明的广东人便决定采用插烧之法。一段时间过后,问题又出现了,即使用插烧之法,最多也只能插上几条里脊肉,还是不能满足食客的需求。于是,人们再次进行改良,将多条里脊肉穿起来叉着来烧,就这样,"插烧"之名逐渐被叉烧所替代。

一份蜜汁叉烧看似简单,却最需要耐心。回想起来,妈妈每次给我做蜜汁叉烧的时候，都要提前一晚拌好调料酱腌制五花肉，第二天烤制的时候，还需要多次翻动，一会儿都不能离开厨房。那时候妈妈做的蜜汁叉烧虽然味道非常好，但是因为孩子心性，我总不满意，然后缠着妈妈让她带我到餐馆里边吃，我总觉得别人做出来的会更好吃，这大概就是所谓的"别人的都是好的"吧。时至今日，常年在外工作的我，时常想念这道美味，那蜜汁叉烧浓郁的香味、甘甜的清香令人难以忘怀。

在广州白云区吃蜜汁叉烧，我强烈推荐专门做各种叉烧的叉烧·里。这家店始终追求用地道珍馐回馈顾客。在这里，我和朋友点了一份蜜汁叉烧，还有几个小菜。点完菜不过几分钟，几样小吃食就都上桌了。白色的盘子里几片切好的暗红色蜜汁叉烧静静地躺着，好像一个娇羞的少女在安静地睡觉一样。吃上一口，外焦里嫩，口口香甜，蜜汁渗透到肉里面，十分可口，让人有一种幸福感。

这些年来，人们对饮食文化越来越重视，每个人舌尖上都有属于自己家乡的独特的味道。这一盘陪伴我多年的蜜汁叉烧不再是一种单纯的食物，而是承载着一种感动、一种温暖。

粤点茶语

地址　广州市白云区同和南湖中路3号中餐厅

电话　020-87099888

鱼翅饺

不是鱼翅，堪比鱼翅

广州的早茶文化由来已久。

早茶并不是真的饮茶，而是在茶楼或饭店里吃早餐。茶楼里的点心有几十种甚至上百种，虾饺、咸粽、米粉、叉烧、蛋挞、肠粉等，被放在一个推车里，推到客人面前，由客人自由点选。

事实上，在广州早茶是一种社交活动。无论是闺蜜聊天，还是谈商说事，茶楼这样的地方都会让人感到自由放松、从容自得。

鱼翅饺是广州地区的汉族传统小吃，主要是在虾肉和猪肉做成的馅料里面加入少量鱼翅，然后包成饺子，一般是蒸制而食。

但是，鱼翅饺真正的诞生地是香港，它象征着雍容华贵，谁要能在早茶时点一份鱼翅饺，他人必定会另眼相看。随着人们生活水平的提高，广州人对鱼翅饺的喜爱与日俱增，它逐渐演变成普罗大众餐桌上的常客。

听朋友推荐，我去了白云区人气很旺的粤点茶语餐厅。据说这家店的老板是香港人，做的鱼翅饺非常地道。来到这家店，座位上已经有不少人了。

人们三五成群、谈笑风生，眼角眉梢都显露着对一天的新企盼和好心情。

我目标非常明确，点了自己心仪已久的鱼翅饺，然后坐下来静静地看报纸。

声音渐近，果然是我的茶点到了，远远就闻到了浓浓的香味。猛一看去，鱼翅饺个头不大，皮薄至透亮，甚至能看清里面的馅料。

南方人与北方人做饺子，区别还是挺大的。北方的饺子讲究擀皮的质量、馅多汁而料滑，南方的饺子则重视馅料的新鲜、爽口。这家店包出来的饺子重视实实在在的口味：一口咬下去，嫩滑的肉馅中有虾的鲜爽，"鱼翅"咬起来韧劲十足，口味饱满。

这家店鱼翅饺中用的是北海道青虾，入口清爽鲜嫩。饺子中的鱼翅很明显是素翅，但是很有嚼劲，味道也与真正的鱼翅无异。由于现在环保理念的盛行，餐厅已经不以鱼翅入食，而是选用素翅或者粉丝。最值得一提的是鱼翅饺的皮，选用了上等的虾肉燕皮，与里面的馅料浑然一体。做菜的师傅说，这种饺子皮不管浸泡多久都不会烂。说这些话的时候，他的眼里满满都是骄傲。

师傅接着说，这还不是我们店鱼翅饺的最高境界，将来的饺子皮会换成一种透明、易成型的，将整个水饺都做成鱼翅的形状，名副其实。

吃完了早茶，我并不急着离开，而是静坐在窗前，时而观察着食客们那份简单的满足，时而看一看那些离开店后的客人，他们转眼间又变成了行色匆匆的路人，投入到一天的工作和生活当中。不管岁月怎么变迁，人们对生活、对美食的追求一直在路上，不曾远离。

广东道至正餐厅（白云店）

地址　广州市白云区白云大道北43号

电话　020-86333118

广东肉

朴素里的百转千回

　　广东肉在广州乃至整个广东地区都不是一道大菜，制作并不麻烦，选材简单朴素，每家每户都能从菜市场里买来新鲜的猪肉，做一道充满家的味道的广东肉。

　　在广州人的心里，广东肉不仅是一道最常见的家常菜，还代表着广州家常的生活。细细咀嚼一盘刚出锅的广东肉，可以更深入地感受广州人质朴而丰富、自由又简单的惬意生活。一盘广东肉，蕴含着猪肉特有的香味，再配合着作料腌制的味道，更加有滋有味。一盘简单朴素的广东肉，会让你吃过之后内心感到极度满足。一顿饭吃下来，只觉得酣畅淋漓，每个人都忍不住再添一碗米饭。

　　小时候，我特别挑食，米饭只是匆匆吃上几口，就不愿意再多吃。但我爱吃广东肉，脆香咸口，再将浓郁汤汁与米饭泡在一起，滋溜溜满满一碗饭就下了肚。于是，每当母亲想要让我多吃饭时，就会做上一份广东肉。她从冰箱里拿出一些五花肉,一边洗干净切成大厚片,将肉片用葱、姜末、料酒、五香粉、酱油、盐腌好;一边用面粉、水淀粉、鸡蛋调制成糊糊状。接下来将肉裹上调好的糊糊放到油锅里炸,炸好后盛到盘子里就做好了。短短十来分钟,母亲就能利利索索地端出来一道广东肉。

说起广东肉,有一段不得不提的来源。西餐传入中国时,追赶潮流的年轻人都纷纷踏入西餐厅的大门,牛排、猪排这类的大块的肉迅速地俘获了人心。花都区当时有一个商人去西餐厅吃过牛排后觉得回味无穷,就跟自己相熟的厨师描述了牛排的样子和味道。厨师对这位商人的描述进行了实践,并在原有的基础上做了一些改进。商人吃了厨师做出来的肉大为称赞,便用自己省市的名字为其命名为广东肉。这道菜被厨师作为新菜品放在自己的菜馆中出售,获得了极高的评价。当时许多人纷纷效仿,于是广东肉变成了花都区一道名菜流传下来。

在广州,不管是逢年过节,还是宴请亲朋,抑或是招待贵客,广东肉都会被端上餐桌。很多小孩坐在餐桌旁边,就是为了等主人端上一份垂涎已久的广东肉。大家总是在盘子刚放到桌子上,就迫不及待地拿起筷子,大快朵颐一番。总之,不论大人小孩都喜欢吃味道鲜美、香酥可口的广东肉。因为有了广东肉,更增添了一种节日的喜庆氛围。

走进白云区,不必费心寻找,几乎每家餐馆都可以吃到广东肉。白云区的广东道至正餐厅是一个我觉得非常不错的餐厅,这里不仅广东肉好吃,还有很多其他的特色粤菜,炭烧猪颈肉、石锅土鸡蛋、凤梨虾球、香芋莲子糖水、刨冰等都是非常值得一尝的美味佳肴。除此之外,这里的环境非常舒适,服务比较到位,清新典雅,朴质中不失细节。

也许,每一个广州人远走他乡都希望能将广东肉带走,带到世界各地,让所遇到的人也能够感受到花都区无与伦比的温暖。一道简单的菜,一抹平凡的温暖,这才是生活,这才是幸福。

黄埔区
日食三餐的舌尖缱绻 >>>>

一块青砖,见证着一段辉煌;一片瓦砾,诉说着一个故事;一块碑石,铭刻着一处繁华;一道美食,记录着一处幸福。

有家鱼翅

地址 广州市黄埔区荔红路萝塑路31-1号
电话 13138490102

满坛香
"佛跳墙"之进化论

在寒冷的冬日里，人们的食欲似乎会变得更好，对美食也更加向往。对于广州人来说，与其宅在家里，他们更愿意走上街头，寻觅美食。而满坛香，就是不可错过的美食之一。满坛香是广州地区著名的特色传统菜肴，它和福建的首席名菜"佛跳墙"一样闻名遐迩。因为它的味道堪称"绝味"，所以很多老字号店都纷纷将其看作粤菜的突出代表，以至后来还流传着"闽有佛跳墙，粤有满坛香"的说法。

单单是听到"满坛香"这个名字，就仿佛闻到一股浓浓的香味，令人垂涎欲滴。这道菜是从潮菜"佛跳墙"演化而来的，是将鸡、鹅、鸭、鱼肚、鱼唇、冬菇以及其他海味等数十种原料分别煮好，然后放在一个坛子里，再加上一些绍酒煲煮而成。菜如其名，煲好的汤香味浓郁，营养滋补。

相传，满坛香最早出现在清朝末年，广州只有一些知名的大排档经营。他们在秋冬之际，会将一些鸡肉、猪肉、鱼肚、鸡汤放入食坛，然后加入酒、姜、葱、盐等调味，放在炉灶上煨煮。长时间熬制之后，打开盖子，会散发出浓郁的鲜香味道，吃起来更是美味可口。就这样，点名吃这道菜的人越来越多，卖这道菜的酒家、茶楼也越来越多。

第一次吃满坛香，是同哥哥一起，他带我去的是位于萝塑路上的有家鱼翅饭店。这家店生意非常火爆，据说，食材都是从种植基地运过来的，每种食材都是新鲜、天然的，绝对可以保证品质。一步入饭店大厅，我就被这家店独树一帜的装修风格吸引住了，典雅的环境，暖暖的灯光……这一切都让我恍若置身于一处休闲区，心情格外舒畅，之前的所有疲惫好像都被一扫而光。

在服务员的介绍下，我们点了店里最知名的特色招牌菜——满坛香。一会儿工夫，菜就上来了。我打开盖子的瞬间，一股香气扑面而来，有肉的香味，有调料的香味，有青菜的香味，各种香味汇聚在一起，甚是诱人。我拿起筷子，首先夹了一块鸡肉，炖得非常烂，骨肉很容易就分离开来，肉软软的、嫩嫩的。我嘴里还没吃完，眼睛便忍不住看向坛子，想着下一个要吃哪一个。总之，一顿饭，吃得那叫一个爽快。回去的路上，我还在回忆着那鲜美的味道。

同样是醇厚的滋味，满坛香不同于"佛跳墙"，醇厚之中还带着一股鲜香，它给人带来的丰富的味觉感受真是堪称粤菜中的一绝！

黄埔花苑酒家（黄浦店）

地址　广州市黄埔区黄埔东路789号
电话　020-82493088

黄埔蛋
渔民的待客盛宴

　　黄埔蛋是广州地区的一款特色传统名肴，虽然名声在外，却是物美价廉。因为黄埔蛋最初出自黄埔船民之手，因此而得名。据说很久以前，黄埔一带是一片荒凉的滩涂。一天傍晚，一个船民家里突然有客人造访，仓促之间来不及买菜准备，他只好用家中仅剩的几只鸡蛋来招呼客人。船民心急之下将几枚鸡蛋烹饪成了既不像炒滑蛋又不像煎蛋的新样式。虽然是一道两不像的菜，但客人品尝以后却连连称赞。接着，这道新菜式传入了广州市区，又经过了师傅们精心地研究和改进，成了粤菜里的一道名菜。经过烹饪的蛋就像一匹黄灿灿的绸布，蛋皮薄厚均匀，层次分明，口感香甜嫩滑。

　　但这道朴素却并不简单的黄埔蛋之所以名声大噪，在很大程度上还得益于注重养生的蒋介石。蒋介石格外爱吃鸡蛋，于是，他每天早餐都吃必备的"三味"，也就是鸡蛋、木瓜和酱瓜，其中的鸡蛋就是黄埔蛋。这道黄埔蛋也由此名声大噪，并成了当地人食谱上经久不衰的一道家常菜。

我幼时的记忆里，黄埔蛋也是家里常吃的一道菜。放学后，晚饭尚未准备好，但我的肚子已经开始兀自闹着"空城计"。妈妈被我缠不过了，就临时将锅子架好，将鸡蛋与精盐、味精、猪油一同搅拌，成为蛋浆。烧起猛火，先用猪油将锅搪过，再倒入适量的猪油，一边往锅里倒入蛋浆，一边用炒勺翻动，这样流动的蛋浆才能逐渐凝固，成为布匹状。因此，这道看上去简单不过的黄埔蛋，却是最考验做菜人的功力以及对火候的把握的。前前后后不过五分钟，一道色香味俱全的黄埔蛋就端到了我的面前。来不及接过妈妈递来的筷子，我已经迫不及待地用小手抓起一块，送入口中。咀嚼之下，只觉得口舌生香，是记忆里最甘甜、最馨香的味道。

广州街头大大小小的饭馆里，总少不了这道家常又美味的黄埔蛋，但朋友推荐做得最正宗的还要数黄埔花苑酒家。这家坐落在黄埔区的饭店虽然打着海鲜的旗号，但他家的黄埔蛋但凡吃过的人都连连称赞。这家饭店制作黄埔蛋，最讲究的是"一倒，一旋，一铲"。先用猪油涂抹锅底，等到锅的温度达到120~130℃时，右手缓缓倒入金黄色的蛋液，左手均匀旋转铁锅。大约30秒，蛋液刚好在铁锅里凝固，立马用铲子轻轻地将蛋皮铲成带有褶皱的"布匹"。说起来，这家饭店的大厨做这道黄埔蛋已经30余年了。他说做这道菜最重要的就是要有耐心，心一急就可能将蛋炒老了，也有可能将蛋烧焦。点上一盘黄埔蛋，来上两斤蛤蜊，再加一盘清淡的蔬菜，一顿天然而美味的粤味菜肴就摆在了面前。将一块火候正好的黄埔蛋送入口中，香浓的蛋皮裹着小葱的清香，外酥里嫩，每一口都

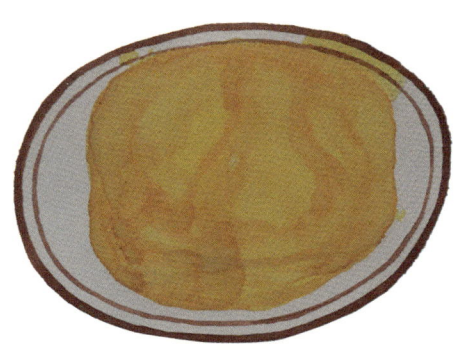

有不一样的层次。

广州人素来以爱吃、会吃闻名于天下，对食材尤其讲究，在烹饪中也格外注意保持它的原汁原味。因此，在广州人心中，烹饪的最高境界就是化繁为简，以简单的方法将寻常的食材化为令人百食不厌的美味。如果以这一条标准来衡量黄埔蛋，那它可以算得上是粤式美食中的集大成者了。

真功夫（邻好店）

地址　广州市黄埔区黄埔东路2889号邻好广场1楼
电话　020-22051978

瓦锅花雕鸡
芳香里的肉鲜嫩滑

在广州，冬日里来上一罐瓦锅花雕鸡是非常不错的选择。瓦锅花雕鸡是极受欢迎的粤菜之一，它巧妙地利用了花雕酒和瓦锅器皿。其最绝妙之处在于"香"，一只看似没有任何味道的鸡，经过烹饪处理，和具有提香功能的花雕酒相混合，再通过传统瓦锅焗的方式，最终制成香味扑鼻、色香味俱全的菜肴。相传，瓦锅花雕鸡盛器最初是碟子，后来经过师傅改进，慢慢改用瓦锅盛载。

传统粤菜的花雕鸡，以广州人喜爱的瓦锅为烹调工具，也被称为瓦锅花雕鸡。根据记载，瓦锅花雕鸡是粤菜名厨黎和创制的。20世纪60年代，黎和是酒楼的名厨，他自己精心研制了一份大家从来没有吃过的美食，那便是瓦锅花雕鸡。客人品尝之后，纷纷竖起大拇指，连连赞叹。于是，很多人慕名前来，都想要亲自尝尝这道让大家赞不绝口的美食。就这样，黎和所在的酒楼生意越来越火爆，瓦锅花雕鸡更是每天销售百十只。慢慢地，大家开始请教黎和如何烹饪这道美食，黎和如实相告后，会做这道美食的人也就越来越多，瓦锅花雕鸡也越来越受欢迎。

一直听说真功夫家做的花雕鸡很不错。前几日，和朋友专程来到位于黄埔东路上的真功夫店，点了一份花雕鸡。吃了一口，果然不虚此行。他们做出来的花雕鸡香味浓郁，而且还不是单一的花雕酒的香，还有花雕鸡经过烹制的油香和葱姜、肥肉、各种调味品混合在一起的香味。这里的服务员还告诉我们，瓦锅花雕鸡最香的时刻，就是上菜前瓦锅烧热在煲盖淋花雕酒的时刻。那个时候，端着瓦锅花雕鸡，所经之处都会弥漫着一股清香，让人迫不及待地想品尝。说话的工夫，我们点的瓦锅花雕鸡就被端上来了。果真像服务员说的那样，他走一路，香味就飘一路。我拿起勺子，小心翼翼地一边吹着，一边慢慢喝，刚沾着嘴唇，立马就感觉到一股酒香在唇边荡漾，夹起一块鸡肉，嫩滑可口。吃着肉，喝着汤，那种感觉美极了。我和朋友约定，过一段时间一定要再来吃瓦锅花雕鸡，下次直接要两份，一份已经不能满足我的胃了。

冬日里，寒气逼人，这时吃上一份瓦锅花雕鸡是再好不过的选择。吃上一口鸡肉，喝下几勺汤，满口花雕酒的香味，鲜嫩的鸡肉混合着蔬菜，简直让人欲罢不能。

奕佳茶餐厅

地址 广州市黄埔区东辉广场沿河路奕佳街三号一楼

电话 020-82510927

四喜豆腐
四季里的低吟浅唱

四喜豆腐是粤菜中的传统名品,其中的"四喜"指的是豆腐、蔬菜、皮蛋和肉松。这里的豆腐可以是炸豆腐,可以是煎豆腐,也可以是素豆腐。上面点缀的配菜会根据时令和各饭店的需求而有所不同。

广州的大街小巷,店铺林立,每一家餐馆都能看到四喜豆腐的身影。我悠然踱步街头,轻车熟路地寻觅印象中的美食。

粤菜取百家之长,用料广博,选料珍奇,配料精巧,善于在模仿中创新,常依食客的喜好而烹制。我来到位于黄埔区的奕佳茶餐厅,虽然已经是这家的常客,但是当四喜豆腐端上来的时候,我还是会忍不住赞叹。

四块豆腐棱角分明,一点也没有塌陷,仿若一朵花悠然盛放在盘底,馅料和上面的点缀锦上添花,让人心情愉悦。

豆腐易碎,做出来的豆腐如果碎了也就不好看了,意头也不好,故而对师傅的功力要求非常之高。这让我对师傅的技艺更加佩服了,连连夸赞了一番。

　　师傅见我这么有诚意,便告诉了我一个小诀窍,做豆腐前用盐水焯一下,再进行烹制就不会碎了。不管炒什么豆腐,都不要用锅铲铲,而是要用铲子反面推,这样既能让豆腐和配料混合均匀,又能防止锅铲把豆腐铲碎。

　　我非常优雅地尝了一口,油炸过的豆腐非常入味,既有豆香味,又有一股怡人的鲜甜味,再加上土猪肉的肉香味,外酥内软,让人意犹未尽。

　　临近春节,广州城的人也渐渐稀少了,大家都回去过年,以期阖家团圆。

　　四喜豆腐虽然简单平淡,但是却蕴含了多少人对喜庆、和乐的期望,只愿它能传播更远,带去更多的祝福。

余妈豆腐花

地址　广州市黄埔区刘北街刘村路148号

电话　18312836087

黄埔区 日食三餐的舌尖缱绻

广州凉粉
穿街过巷的清暑甜品

广州气候湿热，人们喜欢喝凉茶。凉粉是广州的一道地地道道的小吃，更是大街小巷中男女老少清热解暑的上上之选。

从前卖凉粉的人多是穿街过巷，挑担叫卖，非常亲民。关于这道小吃，还有一个传奇的故事。据说清咸丰年间，一个叫作"大只威"的人在西关开凉茶铺，常卖一种叫凉粉草的药，并教人用凉粉草煲葛粉，医治咽干咽痛、暑天烦渴，很受人欢迎。

后来，有一位老中医来求教，说他的孙子喉咙肿痛，却不喝他熬的中药，全家人都急坏了。大只威也是第一次听到这样的诉求，认真想了想便说："小孩子喜欢吃点心，把药变成糕点，小孩子肯定爱吃。"老中医对这样的办法将信将疑。

大只威就将凉粉草和葛粉混合煮，再冷冻成糕，然后把这一碗乌黑油润的糕点端到老中医面前，告诉他做法，并当面拌上糖胶，请老中医尝一尝。老中医一尝，爽滑甘甜，药味淡了很多。凉粉草清凉解暑，葛粉生津止渴，混合做成糕点,正好对症下药,又让孩子不再抵触吃中药,真是一举两得的好事。

当时,两人就把这个亦药亦糕的点心取名为"凉粉糕"。果然,这种凉粉糕十分受孩子们的喜爱,既可以治病保健,又可以当作甜品食用。这样两全其美的好办法便在广州流传开来,无论凉茶铺还是甜品店都开始制作售卖凉粉糕,凉粉糕成为人们夏季的清暑佳品。后来还有人为此作了一首打油诗:"大只威有药葫芦,四时感冒一碗好。又有小儿喉药妙,原来乃是凉粉草。"

我童年时便没少吃这种"药糕",每年暑假更是一定要常常去买的。

知了的叫声叫来了酷暑盛夏,广州的夏天更是闷热难耐,汗珠不住地从脸颊滚下。一天,旁边的小伙伴提议"一起去吃凉粉吧",这个主意真是太好了。这个时候,有什么比一碗凉粉更能消除毒日头带给我们的烦躁呢。

以前吃这种小吃,是一定不能坐在空调屋里的,一定要露天而坐,端着凉粉来对抗天上的"毒日星君"。只是,这样的场景很难再现了。我们只得去常去的甜品店,犒劳自己的舌尖与胃。

这家店位于黄埔区,名字很接地气,叫余妈豆腐花,我们是这里的常客。老板一看到我们,便热络地招呼着,不一会儿就把凉粉端上来了。时至今日,凉粉一直没有重大改变,只是佐料跟随时代潮流,由糖胶变成了炼奶或者蜜糖,再豪华一点的套餐便是上面加些杧果或者提子。

他们有人在点的凉粉中加了红豆和提子,炼奶的白、凉粉糕的黑、红豆的红、提子的绿,色泽饱满,相互映衬,煞是好看。大家吃了之后发出"爽啊"的赞叹声。

凉粉看起来细嫩香滑,在勺子里轻微地晃荡,一入口,只觉得凉粉的药香和炼奶的奶香浑然一体,奶香冲淡了药香,药香让奶香更突出,真是齿颊留香。浑身的湿热黏腻,好像被施了魔法,一扫而空。

不吃凉粉,怎能过炎夏?如今穿堂过巷卖凉粉糕的景象已经不复存在,用凉粉治病的现象也越来越少,但是广州人吃凉粉、品凉粉的这份消暑意趣,依然保留至今。

老伙计海鲜酒家（夏园店）

地址　广州市黄埔区黄埔东路2763号

电话　020-82261088

珧柱节瓜煲

亦菜亦汤的家常菜

广州是美食之城，这里的汤汤水水更是养人心、美人颜。

煲仔菜在粤菜中十分有名，既能保持材料的原汁原味，又能有汤的鲜美。珧柱节瓜煲既是菜也是汤，鲜甜美味，是广州夏季常见的家常菜。它所用食材是节瓜和珧柱。

节瓜，是冬瓜的一个变种，在当地也称毛瓜，是广州夏天应季的蔬菜之一。广州人非常喜欢吃节瓜，是因为它不仅营养丰富，而且口感十分清淡，特别适合在炎炎夏日里炖汤熬煮。节瓜口感鲜美，炒食做汤皆宜，具有清热消暑、解毒利尿、消肿的功效，而且对肾脏病、糖尿病的预防和治疗有一定的辅助作用。节瓜价钱便宜，随便哪个市场都有卖，而且老瓜、嫩瓜都可以食用，是十分家常的一种菜。老瓜可以加料熬制肉煲，嫩瓜细滑清淡，可以焖、炒、煮、煲，如珧柱节瓜煲、节瓜粉丝煲、冬瓜虾米节瓜盅等。

在广州，珧柱节瓜煲是非常有名的一道菜。珧柱，就是干贝，是扇贝的干制品，古人有曰："食珧柱后三日，犹觉鸡虾乏味。"可见珧柱的鲜美非同一般。此外，珧柱富含蛋白质、钙、磷等营养成分，适合慢慢熬炖，广州人做功夫汤、药膳汤的时候，珧柱都是首选。

广州的妈妈们都是煲汤达人，餐桌上永远有道热气腾腾的鲜汤。夏天的时候，大多数家庭都会煲珧柱节瓜煲来消暑清火。各大餐厅和酒楼更是不会少了这道菜。

一日，我和妈妈还有多年的邻居一起去常去的老伙计海鲜酒家吃饭。老伙计海鲜酒家是黄埔区一家比较有名的粤菜馆，平日里便食客盈门，高朋满座。一进门，便能看出颇具广州人特色的喜庆的装修风格，整个店面以暖色调为主，大堂内光线充足。酒店周围的各种绿植，生机盎然，给夏季增添了几分清凉。珧柱节瓜煲是这家店的招牌菜。

珧柱节瓜煲一般放在饭前食用，所谓"饭前喝汤，苗条健康"。这道菜虽不全然为喝汤，可是它确确实实有一些去除油腻、刮油瘦身的功效。

当瓦煲端上餐桌，立刻就给人一股清凉鲜香的感觉。切了段的节瓜鲜亮青翠，节瓜中塞的肉馅已经吸收了节瓜的汤汁，变得松嫩疏落，埋藏在肉馅下面的珧柱味道鲜美无比，却并不喧宾夺主，而是与节瓜和瘦肉完美融合。

趁着热气，我给妈妈、姚阿姨和琳琳姐各盛了一碗，然后再品尝着手中的美食。姚阿姨是煲汤的能手，一边品尝，一边告诉了我们一些做这道菜的小窍门，很是受用。比如挑选节瓜时，要选新鲜的嫩瓜，不新鲜的瓜会发苦，瓜身要有光泽，颜色嫩绿，最好摸起来稍微硬一些。这道菜中节瓜很容易煲烂，所以要切大块。可以用猪腿肉代替瘦肉，煲汤后加少量豉油食用，更加嫩滑可口。若想色香味俱全，处理节瓜时还要注意些小技巧，如不要用刀把瓜皮削去，而是用刀背轻轻刮去表层，露出鲜嫩的翠绿色，这样滚出来的汤水会碧绿清澈。

我一边听着姚阿姨普及知识,一边品尝着盛夏里的佳肴。汤清亮鲜甜,香而不腻,节瓜鲜嫩爽口,缓解了猪肉的油腻,而且珧柱非常提鲜,我忍不住多吃了一些,基本把节瓜都吃完了。妈妈笑我是个"小馋猫",还说接下来的菜都不用吃了,惹得大家一阵笑声。

　　食不厌精,贵在家常。珧柱节瓜煲虽然不是精雕细琢、稀有食材的山珍海味,却浸透着无数个广州妈妈在夏日时的一番真心,蕴含着许许多多个家庭的欢声笑语。

豆腐鲜生素食馆（港湾路店）

地址　广州市黄埔区港湾路268号
电话　020-82282680

黄埔区　日食三餐的舌尖缱绻

广式春卷
冠绝春卷之众

春卷，在有的地方称作春盘或是薄饼。目前中国各地的佳肴中都有春卷这道美味。广式春卷属于粤菜系，是广州的一种传统名点。广州几乎家家户户都会制作春卷。春卷的制作方法并不难，一般用面粉打浆，摊成小饼，再包入馅心，入锅油炸即可。广式春卷制作起来比较讲究，在原料和制作手法上都与其他地区的春卷不同，一般用平湖饭粢（一种米粉皮）做皮，包上各类荤素的馅，用老醅、面粉拌成脆浆挂到春卷上，然后入油锅炸，口感比一般春卷更酥脆、鲜香，堪称春卷中的翘楚。

有些人可能会为这样的论断而争执一番，可是如果你看到广州人在早茶时对春卷的热爱，以及为此做出的努力和创新，你一定会心服口服。

不管什么天气，什么时间，只要你去酒楼，就能看到饮早茶的人群，甚至会变成午茶、下午茶，但是那份心情是不会变的。

我睡到自然醒，不去顾虑工作的琐事，慢悠悠踱步至豆腐鲜生素食馆这家人气很旺的饭馆,点了惦念已久的春卷和肠粉。这一日,正是立春后的几日。虽然不能真正地称为"咬春",但是这份时令的情趣依然。

广式春卷一向可荤可素,可甜可咸,品种有韭黄肉丝春卷、三丝春卷、豆沙春卷等。吃春卷时,还常常会配上喼汁,比醋酸一点,可化油腻。

广式春卷呈长方形、焦黄硬朗,相比江南春卷的柔软小巧,颇似北方大汉。咸的春卷是猪肉白菜馅的,甜的春卷是豆沙馅的,荤素搭配,非常巧妙。

仔细尝一尝豆沙春卷,香脆的春卷皮包裹着细碎的红豆沙,似乎是刚与柔的完美结合。豆沙软糯香甜,悄然绽放在舌尖,让人对它恋恋不舍。咸春卷吃起来外皮松脆,里面的瘦肉已经非常酥烂,加上白菜的鲜脆,瞬间香气四溢,余香满口。再加上一些喼汁,"嘎嘣"的脆香中体会到馅料的柔软香滑,更有一些浓稠甘咸的汁液在嘴巴里翻滚流转,让人欲罢不能。

吃下一个豆沙春卷,我此刻的心情无比美妙,真的不想停口,只愿春卷在我的舌尖融化。虽然身处广州的闹市之中,但品尝着这顺应时节的天然美食,不知不觉之间,仿若身处春意盎然的乡野之间,仿佛从这美味的春卷之中更能感受到春之生机,春之希望,春之余味悠长。

老牌汕头牛肉丸
（萝岗万达店）

地址　广州市黄埔区开创大道2709号104室

电话　13678991817

牛肉丸
余味未了的悠长

很多时候，食物的流传除了美味之外，更多是跟人有关。人的流转与社会活动增加了食物在人的味蕾传播的时间和次数，成为最难以忘怀的回忆。广州牛肉丸的扬名，便与记忆和历史有关。

牛肉丸，又称手捶牛肉丸，是广州的一道传统名吃。牛肉丸起源于潮州菜。过去，商品经济不是很发达的时候，生牛肉过剩没法保存，人们便把牛肉剁碎加盐挤成丸子煮熟。后来，牛肉丸由于其便宜美味，成为一种售卖的小吃。在清末及民国初期，卖牛肉丸的小贩大部分是潮汕本地人，他们挑着小担走街串巷地叫卖。尤其是晚上，经常有专卖牛肉丸的小舟在江上穿梭，船头挂一角小灯，专为停泊在那里的货船供应夜宵。20世纪40年代的新兴街一带饮食摊档甚多，改革开放以后，牛肉丸美名远扬，成为广州的名小吃。

正宗的牛肉丸在广州随处可见，小至街头巷尾的粉面店，大至五星级酒店，皆能满足人们对饱腹和美味的追求。

正宗牛肉丸如乒乓球大小，而且不宜冷藏和长途运输，据说好的牛肉丸能弹起一人多高。电影《食神》中，星爷用撒尿牛肉丸打乒乓球的场景非常经典，也让人们对牛肉丸的技艺产生了好奇。

挑担售卖牛肉丸的历史和星爷潇洒玩味牛肉丸的时代都已经过去，但是当过去不可重现的时候，食物的味道会带我们重走历史，重温旧日。我曾经寻遍广州街头的角角落落，只为了找到最地道、最美味的牛肉丸。

有家店在我工作的附近，位于开创大道上，老板是正宗的潮汕人，店铺名字叫老牌汕头牛肉丸。每次从他家走过，我都忍不住驻足。他家的招牌就是牛肉丸，这是潮汕人从小吃到大的普通小食。

这家店装修简单，店面不大，却十分干净，老板和老板娘为人和善，常常热情地招呼我去吃一碗热乎的牛肉丸或者牛肉丸面。

广州人执着于在食物里倾注感情和力量，这也是最特别、最真心之处。听附近的人说，每天凌晨4点左右，老板和老板娘就起来准备牛肉丸的馅料了，微弱的灯光中他们的身影被拉长。闷声沉重地捶打牛腿肉的声音在宁静的凌晨显得十分单调，将牛肉打碎、打掉筋、打成泥，也打成了有口皆碑的美味，也开启了他们忙碌的一天。

将捶好的牛腿肉浆馅料加上少量的雪粉、精盐、上等鱼露和味精，再继续捶打，随后用大盆装起来，加入方鱼末、白肉粒和味精拌匀，再用手使劲搅拌，然后用手捻肉浆，握住拳头控制从大拇指和食指圈成的环状，挤出牛肉丸，放在温水盆里煮几分钟捞起待用。我从来没有想到一碗简简单单的牛肉丸需要如此复杂、费力的工序。一思及此，我心中不禁对这种老味道更加留恋。

老板看到我来，热络地招呼我坐下，并且准确无误地报出我要吃的东西——牛筋丸和牛肉丸面。要知道牛肉丸除了常用来涮火锅，还可以单独做菜，或者作为汤面和河粉、米粉的伴餐。

牛筋丸率先端上，先打打牙祭。牛筋丸看起来色泽亮丽均匀，吃起来弹牙爽脆，而且咸淡适中，很有韧性。牛筋丸在我的口中咀嚼、融化，随后自由地在我的胃里畅游。汤碗里的牛肉汤也缓缓地包围着牛筋丸，轻轻啜上一口，热气袭人，香味激荡着我的味蕾，让我不忍停口。

牛肉丸面随后端上，面条筋道，面汤清澈，一勺牛肉汤、一颗牛肉丸再加几根面囫囵吞下，牛肉汤的香浓、牛肉丸的紧实和面条的爽滑，瞬间溢满了我的整个口腔。

如果还嫌牛肉汤的味道不够过瘾，可以再单独夹一颗牛肉丸细细品尝。细嫩的牛肉丸色泽红润有弹性，口感馨香嫩滑。如果你对味道敏感，还能发现牛肉丸中隐隐有一股陈皮的味道，很多人不习惯陈皮的味道。但事实上陈皮不但可以理气健脾、除燥化痰，还能去除牛肉的膻味，提升牛肉本身的鲜美。

时过境迁，市场上跟牛肉丸有关的店四处林立，竞争也更加激烈。这家看上去早已过时的小店铺却在风雨飘摇中生存得有声有色，它经久不变的味道如此的生动而真实，牢牢抓住了广州人对潮汕牛肉丸味道的惦念和久难忘怀的情愫。

花都区
锅碗瓢盆间的粤式人生 〉〉〉〉〉

厚重的历史文化底蕴,让这里充满了故事与情感。品味着这里的美味,闻着那若有若无的醉人酒香,让人仿佛穿越时空,回到了过去那个时代。

六千馆

地址　广州市花都区云山大道31号华润万家4楼

电话　020-86800065

松鼠鱼
一场舌尖上的精雕细琢

广州人对于淡水鱼，大多采用整条蒸的方法，以彰显鱼本身清鲜的特质。但在一众广府名菜中，却有一道淡水鱼肴，不但运用油炸的烹制方法，而且在上桌前还会淋上色泽亮丽、味道浓重的糖醋芡汁，它便是传统名菜——松鼠鱼。

广州师傅制作这道菜时常使用番茄汁，有人甚至会用番茄沙司稀释来勾芡，这和江浙一带常见的松鼠鱼以糖醋调味的做法有所不同，所以菜的口感和味道也不太一样，极具广州本地的地方特色。

不知何时，我心中萌发了一种要学会做松鼠鱼的念头。甚至还在朋友面前吹嘘，要给他们做出美味的松鼠鱼让他们瞧瞧。我让会做饭的朋友教我，他告诉了我大概的做法，我听后立马像泄了气的皮球。因为，仅仅是听着，我就觉得非常麻烦，不由得惊叹，要做出好吃的美食果然都是需要下一番功夫的。

朋友告诉我,要做好松鼠鱼,两个方面很麻烦,其一便是刀工,需要将鱼根据一定的形状切开,鱼头、鱼身切法各不一样,鱼骨也要小心除去,并且切鱼肉时,鱼皮和肉不能被切断。听着朋友讲的一会儿横着切、一会儿竖着切、一会儿斜着切真是麻烦极了。切好后便简单一点,放一些料酒、生姜、盐、生抽等作料,腌制几分钟。其二便是腌制好的鱼需要放入油锅里炸,火候的掌握有一定难度,但非常重要。加入油炸粉,抹遍鱼全身,然后等到锅中的油烧至六成热之后,将鱼放进去炸,炸至金黄色捞出,之后在锅中加少许水、番茄酱、醋、糖,烧开搅拌均匀倒在炸好的鱼身上。最后将准备好的玉米粒和胡萝卜丁过水撒在鱼上面就可以了。

现在一些中高档的粤菜酒楼,会在松鼠鱼上桌后由服务员当着客人的面淋上芡汁,像花都区的六千馆,就是这样。这样做一来可以为这道菜增加一些视听上的趣味,二来也避免了因为出锅就淋上芡汁而导致鱼肉不再松脆的问题。

在20世纪80年代的广州,松鼠鱼经常在婚宴上出现,人们觉得松鼠鱼代表了好兆头。在当时的餐桌上,整条鱼出现的时候很少,就算是在酒楼点这道松鼠鱼,也大多是半条鱼。但在婚宴上,由于讲究的是圆满之意,所以大多数情况下都是整条松鼠鱼奉上。而在近年来,松鼠鱼常作为特价菜出现在许多饭店里,使得许多没有时间又没有技术在家制作这道美食的食客们可以轻易品尝到这道美味。

周记茗点居（站前路店）

地址　广州市花都区站前路26号
电话　020-86811906

及第粥
糜水交融，香浓味鲜

及第粥，全名"状元及第粥"，从字面看，就能知道其中蕴含的美好寓意。这是广州市的地方传统名吃之一，属于粤式粥点。广州的粥品种类繁多，简直让人眼花缭乱。

及第粥历史悠久。关于及第粥的传说，在民间有不同的说法。一个传说是，及第粥发明于明代。广州西关有一个叫伦文叙的小男孩，由于家里贫困，七岁便出来卖菜。他从小就喜欢吟诗作对，在菜市里还不时有人找他吟诗。

有一天，他挑着一担菜路过丛桂路一间粥铺时，饿得肚子咕咕直叫，但又没钱买。店主认出他是诗童伦文叙，便对他说："你怎么不去读书呢？在菜市场卖菜太可惜了。"伦文叙说："我家里穷，没有钱。"店主听后说道："这样吧，以后你每天都把菜挑来我这里，我买一些，并且每天给你一碗粥吃，等凑够了钱你就去念书！"

自此以后，伦文叙天天都吃到不同的粥，有时是肉丸粥，有时是猪粉肠粥,有时是猪肝粥,有时则三样都有。几年后,伦文叙高中状元,他不忘当年店主的恩情,回乡省亲第二天便去看望老店主,并请老店主给他煮一碗粥。老店主命人煮了一碗肉丸、粉肠、猪肝齐下的粥献给伦状元,伦文叙便给此粥取名"状元及第粥"。及第指的其实就是猪的内脏,也叫"杂底",为了好听才取作"及第"。

而另一个传说,则是清朝末年,有个广州的肉贩目不识丁,为了做生意方便,特意向私塾先生学了"猪肉""猪肝""猪粉肠"这几个字。有一次开科,有人故意逗肉贩去考一考,结果他真的去了。他不会别的,就把"猪肉""猪肝""猪粉肠"写上就交了卷子。巧的是,这届的考官就是曾经教过这肉贩写字的私塾先生,他一眼就认出了肉贩的字,心里觉得好笑,心想干脆让他欢喜欢喜,就替肉贩写了篇文章交上去。结果肉贩还真中了,可是这位私塾先生却后悔了,便对下一科的考官说,要是看到有人写"猪肉""猪肝""猪粉肠"的卷子就作废。结果这位私塾先生的同僚不明就里,为了卖人情,也替肉贩写了篇文章交上去,肉贩再次中举。后来,这个肉贩上京去考进士,结果迟到不让进考场,正当他坐在路边发呆,一位王爷从他面前经过,掉了一盏灯笼。肉贩上前捡了起来,又来到考场门口,看门的一看肉贩手里拿的是王爷家的灯笼,觉得此人不可得罪,便把他迎了进去。肉贩进去后,把王爷家的灯笼往桌上一放,在卷子上又写上"猪肉""猪肝""猪粉肠"几个字。监考的考官看到王府的灯笼,哪敢怠慢,赶紧替肉贩写了一篇文章呈上,肉贩就考上了进士。后来有人问肉贩是怎么考上进士的,肉贩就说:"猪肉、猪肝、猪粉肠。"从这之后,人们就把用这三种东西熬制的粥叫"及第粥"。

在花都区众多的店家中,以周记茗点居的及第粥最有名。这家店经营多年,凡是经过他家门口的人都会被那扑鼻的香气吸引,进去尝一碗粥。

这家店的装修风格还保持着传统的红木桌凳,店堂里干净而敞亮,店内的粥香气四溢,坐下点上一碗及第粥,慢慢品味,会有一种身在几十年前老广州的穿越之感。

> **有米知粥**
>
> 地址　广州市花都区三东大道茗都酒店1层
>
> 电话　020-37735151

烧骨粥
流连花都的不二之选

来了花都，不吃烧骨就真是太可惜了。烧骨是选用上等的猪脊骨，经过多重配料腌制，再用特制的木炭火烧制而成的。

广州人认为烧骨粥可以去火，如果家里有人火气旺盛、咽喉不适，就煮些烧骨粥喝下去，绝对可以粥到病除。所以烧骨粥在广州是一道家常的传统粥品，极有广州本地特色。广州人买烧骨，主要目的就是回家煲粥食疗。

非广州本地人初听到这种说法一般都会感到疑惑，烧骨本是聚火的食物，怎么可能有去火的功效？其实经过烧制的猪脊骨确实容易上火，但是做粥的烧骨是经过腌制的，里面盐分比较高，所以有去火的功效。

上好的烧骨粥往往软嫩细滑，烧过的肉一丝丝混在粥里，咸香可口；嚼一块骨头，同样有滋有味，粥鲜骨头香，着实让人喜爱。需要注意的是，如果自己在家做，因为烧骨本身比较咸，在做粥过程中不要放太多的盐，米也不要放得过多。

在饭店吃过烧骨粥的朋友们都知道，每次至少要等个二三十分钟。这时候你别纳闷儿为什么这么久，千万别着急，耐心等待。因为这才说明烧骨粥是厨师现做的。因为粥水的温度高，倘若厨师一早煲好放那儿，里边的肉料被泡上几个小时，便会变得淡而无味。正宗的粥品店铺，你点上一份烧骨粥，厨师都是随点随做的，只有这样，烧骨才能既保留了本身的肉味，骨香又渗入了粥里，这样的粥品才是最好的。

我之前带一位外地的朋友去吃花都区有米知粥的烧骨粥。他说真是不知道要怎么形容这个滋味。他告诉我，粥里好像有盐腌肉的味道，又好像有炭熏肉的感觉，又好像是集二者之所长，总之无法用一个准确的词语来形容。他还非常好奇这种独特味道的粥是如何制作而成的。后来他还专门询问了店主，在他的坚持下，店主告诉他，首先要挑选新鲜猪骨，先用香叶草果、五香粉、盐等配料腌制，再利用古法干烧，为了让粥自然变得浓稠，煮烧骨粥时还需特别调配出一种"百搭米"。听完店主的一席话，只能说，原本以为不过是一碗粥而已，却不承想背后的工序要做得如此之多。

煲汤喝粥已经是广州人离不开的一项活动，传了这么多年的这道美食，其养生之处自然不少，如今更是成为家家户户每日必做的一道美食。若是你哪天得空来一趟花都，可千万别忘了去尝尝这简单却不寡淡的烧骨粥。

鲜一鲜农庄

地址　广州市花都区三东大道东浦村5队139号
电话　18011782203

鲫鱼豆腐汤
老少皆宜的冬日靓汤

　　鲫鱼豆腐汤是广州老少皆宜的一道冬日靓汤，是粤菜风味的特色佳肴。它需要将新鲜肥嫩的鲫鱼用小火慢煎，然后和新鲜的豆腐块、香菜、葱花、姜末、食盐等一起下锅，用文火煮至汤汁浓稠即可。鲫鱼豆腐汤色泽清淡，集鲜、香、多重营养于一身。

　　相传，在乾隆皇帝下江南的时候，有一次不小心与随从走散，迷路了，他走了很久也没走出来，就在又饥又渴之时，无意中他看见了一户打鱼人家，便进去想要讨口汤喝。老妇人给他端出一碗鱼汤，他很快就喝了个精光，瞬间就好像满血复活一样，感觉神清气爽，整个人也轻松了许多。他十分感谢老人，询问道："这是什么鱼汤，非常好喝，喝完之后感觉体力也恢复了许多。"老人回答道："这是鲫鱼豆腐汤，具有非常好的滋补作用，极其适合身体虚弱、长途奔波的人喝。"乾隆皇帝再三谢过老人之后便离开了，回宫后更是将此汤奉为美食，命令御厨要经常做这道汤羹。就这样，鲫鱼豆腐汤在皇宫越来越受欢迎，皇帝、嫔妃都对此汤赞不绝口。慢慢地，鲫鱼豆腐汤又从皇宫传到民间，民间老百姓非常喜欢煮上一锅鲫鱼豆腐汤，或是招待客人，或是解乏。

关于鲫鱼有很多做法，鲫鱼豆腐汤可以说是最受欢迎的一种烹饪方法，鲫鱼汤洁白、浓稠、味道鲜美。

我的闺蜜很喜欢我妈妈煲的鲫鱼豆腐汤，每次都边喝边忍不住咧嘴笑，妈妈也总是很开心能够看见我们俩人趴在桌边喝着冒着热气的鲫鱼豆腐汤。每当这时候，我都会仰起脸，骄傲地对闺蜜说："我妈妈做的汤好喝吧！"妈妈告诉我，听着我和朋友这样的对话，她的心底就像那锅炉火上的汤一般，轻轻泛起涟漪，温暖而恬淡。

作为一个热爱美食之人，花都区的鲜一鲜农庄是我发现的一个可以喝到美味鲫鱼豆腐汤的好去处。这里的每道菜绝对都是一流，服务非常周到，环境非常好，非常适合同事、家庭聚会，情侣约会，而且价格亲民。逢年过节，这里都是人满为患，需要预约。从这点来看，这家店也定然有它的魅力所在。单单说这道鲫鱼豆腐汤，味道鲜美无比，喝到嘴里边，细腻之感非比寻常。除此之外，其他菜也非常赞，走地鸡，非常正宗，吃着都有一种鸡要飞起来的感觉；碌鹅也是味道鲜美，口感细腻。

冬日里，喝一碗鲫鱼豆腐汤，浑身的寒意顷刻便散去，腹中就好像有一股暖流在温暖全身，稍作回味，就会觉得口舌生津，神清气爽，让人食不知返、百吃不厌，我觉得这就是鲫鱼豆腐汤的独特魅力所在。

莲香楼

地址　广州市花都区机场路888号广州白云国际机场F1层

电话　020-36067995

嫁女饼
必不可少的喜饼

广州有很多独特的风俗习惯,例如广州地区结婚嫁娶,必须要派送嫁女饼。因而在喜事之中,最常见的就要数嫁女饼了。嫁女饼,也叫绫酥。之所以叫绫酥,据说和以前的豪门贵族嫁娶有关。豪门贵族嫁娶用礼饼的丰厚彰显自己的体面和气派,这些贵族的衣料一般是绫罗绸缎,尤其以绫最名贵。因而,礼饼就以绫酥命名,寓意荣华富贵。

关于嫁女饼,还有一个非常传奇的故事。相传,最早开始使用嫁女饼是在三国时期。当时,孙权为了收回荆州,便决定采用周瑜提议的"美人计",假装自己要将妹妹献给刘备,希望刘备到东吴来成亲。但是,刘备识破了他的计谋,于是将计就计,一到东吴之地,就派士兵到处送喜饼,目的就是想让刘孙联姻这件喜事弄假成真。就这样,嫁女饼的习俗就传开了。从刘备迎娶孙夫人开始,一直流传至今。如今,嫁女饼的习俗,已经成为广州婚礼中非常重要的一个环节。人们一方面想通过嫁女饼的派送,营造一种喜庆的氛围，另一方面也是在告诉亲朋好友、街坊邻里女儿即将出嫁的喜讯。在传统的观念中，没有吃过谁家送来的嫁女饼，人家就不会认为他家的女儿已经出嫁。因而，嫁女饼从制作到售卖再到派送，都遵循着某种"理论"。一般来说，嫁女饼定制好之后，男方要在"过大礼"时送到女方家，嫁女饼的数量越多越体面。女方收到嫁女饼之后，在派送喜帖请柬的时候会一同送上嫁女饼。在派发嫁女饼的时候还有规矩，一般要双数，意味着好事成双。对于不需要请吃喜酒的人，只需送两个，告知人家女儿即将出嫁即可；普通的亲戚，会送八个到十六个；辈分高、至亲之人，送的嫁女饼数量更多，至少二十个。

要问在广州哪家店的嫁女饼最好，非莲香楼莫属了。如果哪家要嫁女儿，必定要到莲香楼买一些嫁女饼。据说，旧时西关一带繁华非常，住户大多是富裕人家，"西关小姐"出嫁，一定会选择订购莲香楼的嫁女饼，只有这样才显得体面。

时至今日，嫁女饼在广州人们心中仍有着不可替代的地位。人们将送嫁女饼的传统延续了下来，在婚礼前，送上嫁女饼是人们必做的一件事，他们这么做，只是为了为儿女讨得一个好兆头。

除了好的寓意，其实，嫁女饼还是一道非常美味的糕点，有很多不同的口味，五仁的、皮蛋的、莲蓉的、豆沙的、双糖的……应有尽有。我吃过最好吃的嫁女饼要数五仁的了，五仁的嫁女饼，将橄榄仁、松仁、瓜子仁、白芝麻、糖冬瓜与冰肉粒混合，拿起一个嫁女饼，轻轻咬下一口，香酥爽口，清丽香甜。再咬一口，吃到了嫁女饼的内馅，各种独特的味道巧妙地混合在一起，让人食欲大开。嫁女饼的内馅就好像是各种美味聚集的天堂，现在想想，还会不自觉地吞咽口水。

小时候，我每次都盼望着谁家能快些嫁女儿，好让我再一饱口福。单纯地以为，嫁女饼只能在有人嫁女儿时才能吃到，后来才发现，只要你想吃，即使没人嫁女儿，你也可以自己到一些店中买些来吃。

吃着香酥清爽的嫁女饼，心下暗自忖度，广州的美食真是别有一番风味。

> **宝华面馆**
>
> 地址　广州市花都区百合路35-39号
> 电话　020-37733535

云吞面
尝一口汤底的馥郁

广州素有"美食天堂"的称号，说起地道的广州面食，云吞面必然有一席之地。云吞面以云吞、面还有熬好的汤头制成，云吞口感润滑，面筋道有弹性，吃过之后，让人回味无穷。

广州是云吞面的起源地。相传，云吞面最早是在清末民初广州的西关一带出现。当时一位湖南人在广州双门底开设了一间"三楚面馆"，专门经营面食，云吞面就是其中之一。但是那时，云吞面制作很粗糙，基本上只是面皮包裹一些肉馅煮在白水汤里。经过后来的多次改良，开始用鸡蛋液和面擀成薄皮，馅料也开始由肉末、虾仁和韭黄混合而成。就这样，"三楚面馆"的生意因为云吞面越来越红火，很快就有许多人争相效仿。

说到云吞面，不得不提一个叫麦焕池的人。在20世纪30年代，麦焕池在广州西关创立了"池记"云吞面档。因为此人高超的制面和包云吞的技艺，吸引了很多的达官贵人以及社会名流光顾他的面馆，因此麦焕池被人称为"广州云吞面大王"。可惜好景不长，因为战乱，麦焕池举家迁到了香港。

如今香港众多的著名云吞面品牌据说都是源于麦焕池一人。当年麦焕池到了香港以后，将生意交给了他的小儿子麦奀，麦奀继承了麦焕池的手艺，逐渐在香港打下了生意的基础，创立了"麦奀云吞面世家"。麦焕池的一个亲戚紧接着也自立了门户，在佐敦创立了"麦文记"。麦焕池还有一位入室弟子，叫何钏洪，他也尽得麦老先生的制面真传，到了香港以后，开了如今的"何洪记"。而麦焕池的大儿子后来另立了一家麦奀记，也就是后来的"忠记"，口味也和麦奀记如出一辙。

现在为众人所知的"池记"，是麦焕池当年在广州创立的品牌，可以说是现在香港最商业化以及规范化的云吞面典范。

不过在广州是吃不到这些香港著名品牌的云吞面的，但在花都区，宝华面馆同样是一家吃云吞面的好去处。这家面馆有着近二十年的历史和浓厚的广州风味，价格便宜，用料也很足。无论何时，面馆里都是人头攒动，好不热闹。很多人说，最喜欢他家的云吞面。这家店的云吞吃起来丝滑爽口，面吃起来也是弹劲十足。我最喜欢的就是这家的汤底，配合鱼熬制出来的汤底，清而不寡，浓郁回甘，喝一口让人回味无穷。

吃一口面，尝上几个云吞，再喝上一口汤，再听听这些美食的故事。其实，美食的意义并不仅仅在于让人品尝，也在于传播一种美食背后的文化和底蕴。

真金燕翅鲍（花都广场店）

地址　广州市花都区新华街茶园中路公益村经济社商业楼2号

电话　13609608423

潮鸽吞翅
比翼双飞的人间美味

对于潮鸽吞翅，很早就有耳闻。这道菜源于粤菜中的潮汕菜系，近些年风靡广州，是一道滋补极品，民间甚至还流传着"不喝此汤抱憾终生"的说法，足以看出这道美食在人们心中的分量。

那么，这道美味到底具体指的是什么呢？可能看了名字，你会觉得一头雾水，只是觉得它充满了诗情画意。其实，它也没有什么神秘之处，就是把刚出生没多久、四五两重的鸽子拆骨去肉，然后把选好的上等鱼翅塞进鸽子的腹部，再放入秘制高汤中慢炖八个小时，等到鸽子的鲜香与鱼翅的清香相融于汤的时候，就可以吃了。

这道菜品营养丰富，极其讲究火候，长时间的慢火细煨使得汤汁清澈透亮，乳鸽柔嫩鲜美，鱼翅晶莹剔透。

前段时间，我和朋友一块去花都广场上的真金燕翅鲍店，那是一家老字号的粤菜馆，装修风格也不是很起眼，经营的却是高级滋补汤类，店员服务态度也很好。除此之外，这家店的菜品味道都非常好，潮鸽吞翅就是招牌菜之一。我看着菜单上潮鸽吞翅的图片，便一下子被吸引了，不管是卖相还是色泽，都极其诱人。我果断地点了一份潮鸽吞翅。不一会儿，服务员就为我们上菜了。菜刚被放到桌子上，我便迫不及待地想要拿勺子去尝上一口。还没等我勺子落在汤里边，朋友就拽住了我，他告诉我，不能这样吃，要先在汤中撒入香芹粒，然后把鱼翅掏出来泡到高汤中，等到味道都出来再食用，效果最佳。我不情愿地收回勺子，心里想着：喝个汤还有这么多讲究。但是，事实证明，讲究些还是有好处的。我按照朋友教的方法，小心翼翼地喝下第一勺汤，细细品来，那味道果真是精妙绝伦：清淡有味，鲜香嫩滑，爽口无比，油而不腻。那鱼翅也是细腻润滑、入口即化，非常好吃。我很快就将所有的汤都喝完了，抿嘴咂舌，意犹未尽，连连赞叹：人间有这样的美味真是一件幸事，有生之年能品尝到这样的美味，真是令人无比幸福。

这个汤好吃归好吃，但是却不是人人都能做好的。曾有知名厨师说过，煲这道汤时火候的掌握万分重要，稍微一跑神鸽子就会破掉，那就不是"吞翅"，而成"吐翅"了。所以，要想自己学会做，起码得练个几年，才具备这样的技艺水平。

随着年纪越来越大，工作越来越多，和小伙伴一块聚餐的日子也变得越来越少，但是，过往和朋友们一块吃潮鸽吞翅的日子却总是浮现在我的眼前。朋友那一声声话语、一个个笑容，美食的一缕缕清香、一勺勺靓汤，始终萦绕在我的脑中。我想，对于常年奔波在外的人来说，想念家乡、想念亲人、想念朋友，可能更多地会从想念美食开始。美食带给你温暖与满足，让你不由得想到回家的幸福。我们喜爱美食，不仅在于它的色香味，更在于它带给我们的满足感、幸福感。

越秀区
味道是固守心底的乡愁 >>>>>

美食繁多,是我初次对这里的印象,无数的珍馐在眼前,一时间不知道要选择吃什么。只能由衷地感慨到"乱花渐欲迷人眼"啊。相信来过这里的人都会爱上此地,不仅因为美景,更是因为美食,独特风味让人吃过一次便久久难以忘怀。

OLD 记茶餐厅（北京路店）

地址　广州市越秀区惠福东路513号
电话　18102621263

黄金豆腐
色香味俱全的"植物肉"

　　豆腐在我国已经有两千多年的历史了，是我国人民素食菜肴的主要原材料。豆腐的制作不受季节的限制，特别是在蔬菜生产的淡季，可以给人们增加菜肴的品种，广受人们的喜爱，又因其蛋白质丰富，被人们称为"植物肉"。

　　相传，豆腐是淮南王刘安所发明的。据说，刘安是一个爱好黄老之术的人，他在安徽省寿县和淮南交界的八公山上炼制丹药的时候，陪伴他的道士们常年吃素，这些人为了改善一下生活，偶然间用石膏点了豆汁，于是豆腐就被发明了出来。后来这些人把豆腐献给了刘安，刘安品尝过后，发现果然好吃，于是下令制作。后来刘安在八公山"升天"，山上修了他的庙，"八公山豆腐"也因此扬名天下。当然也有很多人对豆腐发明的年代持有不同的看法，我们暂且不必追究。享用美食的同时，那些美食背后的传说也总能给我们带来无尽的乐趣。

因为豆腐在我国有着悠久的历史,所以聪明的劳动人民就想出了很多种做豆腐的方法。如香椿拌豆腐、豆腐鸡蛋、辣酱拌豆腐、炒豆腐等,数不胜数,让每一个爱好美食的人看到名字就会垂涎欲滴。从来没有哪一种食材可以像豆腐这样做成各种菜肴,还都各具特色。

黄金豆腐作为一道广州传统的汉族名菜,因其烹饪之后金黄的色泽而命名,以其滑嫩鲜香的口感而著名。我在很小的时候就喜欢吃母亲做的豆腐,对于豆腐那爽滑的口感尤其钟爱。后来我离开了家乡,吃遍了全国各地有名的豆腐,但是却没有哪一种豆腐让我格外钟情,总是觉得少了点什么,都不如家乡的黄金豆腐好吃。

今年过节的时候我回去了一趟,一下飞机,我就去了OLD记茶餐厅。这家餐厅是一家充满着细节的餐厅,老式的招牌配上绿色的木门,怀旧的装修在这个时代已经不多见了。转上二楼,一眼望穿的是旧时香港街头的霓虹灯招牌。再往里走就会发现不少香港特色的路牌,就像是又回到了很多年前。我找了一个靠窗的座位,点了几样小菜,当然其中必然少不了黄金豆腐。很快菜就上桌了,我迫不及待地尝了那盘金灿灿的黄金豆腐,入口就是酥香的鸡蛋外皮,咬上一口,爽滑的豆腐满口留香。闭上眼睛,仿佛看见了我的儿童时代,母亲在厨房里忙前忙后,为我做黄金豆腐的场景。我站在母亲的后边,像一只等不及的小猴子一样闻着锅里的香味飘过去。母亲面带微笑地让我稍等一会儿。我看着她不慌不忙地把炒好的蛋黄浇在豆腐上,馋得直流口水。想到这些,我忍不住热泪盈眶。

黄金豆腐虽然是一道普通的家常菜,但它那丰富的口感和酥香的味道却是其他做法的豆腐不能比拟的。

粤廷轩酒家

地址　广州市越秀区纸行路37号

电话　020-81902340

罗汉斋
佛门最奢华之素斋

"罗汉斋"也叫作"罗汉菜",是一道汉族传统素菜,也是佛门的一道名菜。这道菜取名选用了佛门十八罗汉聚集一堂的寓意,充满着浓浓的寺庙之风。这道菜汇聚十八种鲜香原料精心烹制而成,是素菜中的上乘之品。

关于这道菜,早在南宋时期的《萍洲可谈》卷二中就有记载:"商人重番僧,云度海危难祷之,则见于空中,无不获济,至广州饭僧设供,谓之罗汉斋。"暂且不探讨这是不是对广州罗汉斋的最早记载,但至少可以说明一点,罗汉斋在最初的时候并不是指某一种固定菜式,只是后来罗汉斋由斋饭变成菜品,这其实也从另一方面体现了佛教文化对民间饮食文化的影响。

这道菜刚被发明创制出来的时候,制作工艺比较简单,仅仅只是将很多原料煮在一个大锅之中,煮熟即可食用。但是,随着时代的发展,寺庙需要举办一些隆重的诸如法师讲经、沙弥受戒、居士拜佛等佛事活动。根据需要,一些法师、沙弥、居士共同出钱集资,设斋供众,这样一来,食物变得更加丰富,制作工序也变得更加讲究、更加复杂。慢慢发展,罗汉斋流传到了市面上,一些素食餐馆的老板继续将这道菜改进和提高。

我们现在所说的罗汉斋,大多都是选用一些时令蔬菜,再加香菇、草菇、银耳、木耳、豆制品、面筋、瓜果等,经过长时间烧、煮、煨、炖而成。做出来的成品,又软又烂,爽滑可口,融合鲜香、清新等诸多口感。不得不说,罗汉斋是佛门里最奢华美味的素斋,也是素食主义者的最佳选择。

外地的朋友如果来到越秀区,除了欣赏这里的文物古迹、风景名胜,选择吃一次罗汉斋也是一个不错的体验。记得那次北方的朋友远道而来,他告诉我,此次之行的目的不仅仅是欣赏美景,还有一件重要的事,便是品尝一下那驰名中外的佛门珍品"罗汉斋"。一番游玩之后,我带着他来到了口碑极佳的粤廷轩酒家,虽说这家店不是那么的富丽堂皇,但是却有一种别样的古朴之感,给人感觉极其舒适惬意。每个桌子上都放着一盏小灯,闪耀着温暖的黄色的柔光。店家将每个桌子都隔开,给予客人单独的空间。这样一来,即使人很多,依旧不会觉得嘈杂烦闷,反而给人很安静的感觉。在服务员的带领下,我们走过一段曲径通幽的小路,找到位置坐下来,点上一份招牌菜罗汉斋和其他特色菜,便等着服务员上菜。看着木质桌椅上雕刻的纹路,听着店内播放的舒缓音乐,欣赏着店内的绿色花卉,隐隐还伴随着假山上的流水声,我不由得感叹,这家店的老板真是极有品位。我一直神游其外,直到清香扑鼻,方把我的思绪拉回。我抬眼一看,原来是罗汉斋已经被端上桌来,闻着清香入鼻,这是一种嗅觉上的享受,看着色彩搭配极其美丽,这是一种视觉上的享受。我拿起筷子,尝上一口,满嘴清香,似乎有一种菊花的淡雅,一点也感觉不到油腻,真的是味蕾的一种极大享受。

粤廷轩作为老字号,以其独特的品位和口感极佳的菜肴吸引着一批又一批游客前来,它俨然成了一道亮丽的风景线。我相信,任岁月如何更迭,人事如何变迁,那一盘颜值颇高、口感极佳的罗汉斋依旧会保留它最初的味道,一遍遍唤醒着人们味蕾深处的记忆。

东江鸿星海鲜酒家（艺都店）

地址　广州市越秀区侨光路2号

电话　020-83184901

青瓜拌蛏子
不可错过的"小人仙"

　　在广州人的心里，最有滋有味的日子就是简单、平凡地过好每一天，哪怕是一道凉拌小菜，也能让人体会到幸福的感觉。对我而言，生活在广州，时常浮上心头、令我感到幸福满足的那一份美味就是青瓜拌蛏子。无论是广州街头，抑或是高档茶楼，这都是非常容易就能寻找到的一种小吃。

　　蛏子也被叫作"缢蛏"，只看名字挺奇怪，其实不然，它就是广州这边常见的一种海鲜食材，总是藏身在长长扁扁的脆薄的壳中。在广州，以蛏子为原料做成的美食有很多，有白灼原味蛏子、葱香爆炒蛏子、辣炒蛏子、蛏子汤、青瓜拌蛏子等。说起这道青瓜拌蛏子，可是我最爱吃的家常小料理，无比美味，做法简单。准备一些蛏子、青瓜，加上自己喜欢的拌料，几分钟便可调制出一份来。

　　小的时候，在家里我就经常见妈妈煲蛏子汤。她总是把蛏子从壳中挑出，肉和壳子分别放开，蛏子肉总是搭配着青瓜凉拌，而剩下的壳总是被煮成一锅蛏子汤。我一直不明白，妈妈为什么会将蛏子壳留下来。偶然的机会，我在书上看到蛏子壳不仅可以用来治胃病，还非常有助于缓解咽喉肿痛。我恍然大悟，蛏子不仅肉鲜美，就连壳都是不可多得的佳品，还真是应了那个"小人仙"的称号。

还记得前些日子一家人出来在街上溜达，我突然提出想吃青瓜拌蛏子，于是爸妈便带着我去了东江鸿星海鲜酒家，这是一家老字号店，有"吃海鲜，到东江"的说法。东江的各款海鲜一直保持着高水准，选料新鲜，做法精致，价格还公道实惠。我将信将疑地跟着到了店里。在服务员的带领下，我们一家三口坐了下来，很快我心心念念的"小人仙"便被端了上来。我看着端上来的青瓜拌蛏子，剁椒鲜艳诱人，配上嫩绿的青瓜和莹白可人的蛏子肉，食欲大振。我夹了一筷子蛏子送到嘴里，嘴里瞬间充满了久违的口感，蛏子肉质香滑，轻轻一咬，肉汁就迸发出来，再夹了片青瓜，脆嫩的青瓜上沾了蛏子的肉味和剁椒的辣味，真是非常美味。我看向妈妈，妈妈也点点头说："他们家的这道菜食材确实不错，吃着新鲜。"别的菜陆陆续续上桌了，我夹得最多的还是最开始上来的那盘青瓜拌蛏子。

一盘简单的青瓜拌蛏子，却有着无穷无尽的魅力，让很多广州人在朝暮之间鼓着腮帮子，大快朵颐一番，也让味蕾享受到这极致的快乐。

伙计大排档

地址　广州市越秀区文明路132号隔壁
电话　13380076071

鱼头窝
半饱时的风雅

鱼头窝，乍一听名字，让人很迷茫，不知道是什么，其实通俗来讲，鱼头窝就是鱼头砂锅，也被称为沙窝鱼头，一般以大头鱼的鱼头为主料，是一种广州地区的特产。

近年来，各式各样的鱼头窝风起云涌。在广州地区，作为很常见的菜品，鱼头窝有很多种口味，麻辣的、清汤的、药膳的，各式各样，应有尽有。每一种鱼头窝背后，都站着一大批追随者。

对于鱼头窝，我也有着独特的情怀。每次在春节前后亲朋好友聚会时，我们都愿意围着热气腾腾的鱼头窝聊天谈心。有时在家中自制鱼头窝，有时跑到热闹非凡、人声鼎沸的食肆点上一份鱼头窝，一起吃个畅快淋漓。每次吃过之后，感觉整个肠胃都要舒展开了，真是过瘾。

每当年后，很长一段时间我都有积食的错觉，什么都吃不下，但唯独鱼头窝能让我大快朵颐一番。因而，每当过年的时候，我都会叮嘱妈妈一定要准备好做鱼头窝的食材。我觉得，只有吃上鱼头窝，才有年味，才是过年最理想的状态。

有一天，我和朋友相约一起去文明路上的伙计大排档吃鱼头窝。虽然我们在一个城市，但平时工作较忙，很难有闲工夫聚在一起，于是，一段固定的时间之后，我们就会相约一起吃鱼头窝，边吃鱼头窝边聊家常。

我们之所以会把这家店作为根据地，那是因为虽然这家店是个大排档，但他家的鱼头窝暖心又称心，顺心又安心。据说，老板经常教育员工不走捷径、不要小手段，以不辜负每一位品尝美食的顾客为宗旨，专注于自己经营的美味。这里所有的鱼头都会被认真清除鱼鳃，只留下嫩滑的鱼脸肉。锅底的配置也很用心，用川芎、白芷、猪骨等十几种中药材、食材配制而成，那是足足熬制数个小时才熬成的。单凭这一点，我就由衷地佩服。这里的大厨曾经告诉我们，店里的鱼头窝，需要的药材全都是从专门的药材店买过来的，绝对正宗。

点菜时，热心的服务员告诉了我们享用这道菜品的秘诀，吃鱼头窝不要着急，先煮食鱼头、猪脑、冬瓜，汤的味道会更鲜、更纯。不一会儿服务员端上来一个酒精炉，按照服务员的说法，我们先将鱼头在大火中煮了五六分钟，待鱼头的香味缓缓升起，我们便放入了冬瓜、猪脑等食材，几分钟之后，我们先用汤勺盛一碗汤，缓缓吹几口气，把奶白色的汤送入口中，只觉得汤头浓郁，味道醇厚。再用筷子夹起一块鱼肉，肉质松软，味道鲜爽，一瞬间的畅快之意便沁入五脏六腑，再蘸取些许的酱料，多种味道混合在一起，那种感觉简直难以形容。

当然，这鱼头窝不仅可以煮鱼头，还可以根据个人喜好煮一些金边生蚝、虾滑、青菜等。另外，火锅虽好，但也不要贪吃哦，半饱刚好。

广东道至正餐厅（区庄店）

地址　广州市越秀区环市东路419号
电话　020-37616366

炒花甲
粤人心中的"天下第一鲜"

花甲，又叫"花蛤"。花甲壳面有黄褐色的，也有浅紫色的，上面还密布不规则的波纹状的花纹，非常好看。花甲不仅颜值高，而且肉质鲜美无比，被称为"天下第一鲜"，深受粤人的喜爱。

因为靠近海边，我小的时候总是和小伙伴们一起去沙滩上捡花甲。尤其是在炎热的夏季，在海边一边玩，一边找花甲。据说这个时候的花甲肉是最肥的，所以我们总是兴致满满地去到那边。小伙伴们大多人手一把小铲子，在退潮的时候，便仔细去看沙滩上的小洞，贴着小洞一铲子下去，翻过来就是一个花甲。有时候运气很好，一铲子下去就是两三个，让我们高兴得不能自已。有时候一群人去海滩上玩，没有带小铲子，兴致上来也总能趁着海浪把沙中的花甲翻上来时摸上来几个。

接近傍晚，我们带着找到的花甲满载而归，在那个时候，将装着满满花甲的竹篓子交给妈妈时，内心有着无比的满足感。妈妈这时总是会说："真棒,一会儿给你做炒花甲吃。"看着妈妈将花甲放在开水中将其煮开,然后再捞出来去掉无肉的壳,放在锅里爆炒,几分钟就做出来一份好吃又新鲜的炒花甲,内心真是无比激动。现在想想,那是童年记忆里最美好的东西,即使很多年过去了仍旧让我难以忘怀。

现在儿时的朋友都因为工作的原因而常年不见,偶尔几个朋友聚在一起的时候总会回忆起小时候一起去海滩上玩耍、捡花甲的时光。而炒花甲也成了我们几个人聚会时必点的菜品之一。这家广东道至正餐厅和朋友们来过很多次,炒出来的花甲肉质鲜美,让人回味无穷。几个人一边吃着炒花甲,一边聊着人生,那真是很惬意的一件事情。

炒花甲肉质鲜美,香郁浓烈,营养丰富,口感极佳。佐以干辣椒、大蒜、姜丝,入口以后,辣味中透着大蒜的浓香和姜丝的辛辣,在辣的主旋律上又加入了层次丰富的香味,鲜香火辣,口感层次丰富,鲜美之味在不知不觉中充盈了整个口腔。

炒花甲在许多广州人心中,已经不仅仅是一道简单的菜,也不仅仅是所有人眼中的"天下第一鲜",它已经融入到广州人的生活之中,成为一道有着丰富内涵的美食。

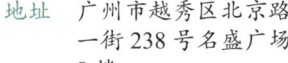

地址	广州市越秀区北京路一街238号名盛广场8楼
电话	020-83336188

豆豉凤爪

成就"小而美"的早茶

广州人喜欢吃鱼，一条鱼可以玩出上百种花样。同样的，广州人也喜欢吃鸡，一只鸡也可以吃出上百种花样。广州人喜欢吃鸡的讲究和钟情可谓是到了登峰造极的境界。白切鸡、盐焗鸡、手撕鸡、沙姜鸡、豉汁鸡、葱油鸡、烧鸡、水晶鸡、花雕鸡、三杯鸡、香妃鸡、啫啫鸡……你想得出来的，广州人都能做出来，你想不出来的，广州人可以给你发明出来。甚至连一个鸡爪，广州人都能想出一个豆豉凤爪的吃法。

说到凤爪，在川菜中就有一道经典的汉族传统名吃泡椒凤爪。它是一种用黄色的小米辣椒泡制出来的鸡爪，酸辣劲爽，喜欢它的人吃得爽快淋漓，但是也有一大部分人不能承受这种酸辣，而且泡椒凤爪并不容易啃食。广州人做出来的豆豉凤爪就大不一样了。

因为广州人对于鸡的饲养有着极高的要求，所以选出来做凤爪的鸡都是走地放养的鸡。如果不是走地放养的鸡，鸡爪既矮又细，胫骨偏小，就不适合选用，做出来的凤爪也不好吃。凤爪中富含胶原蛋白，吃了还有美容养颜的功效。

豆豉凤爪又叫作豉汁蒸凤爪，作为粤式茶楼里一道经典的早茶茶点，是大部分广州人光顾茶楼时必点的。我最喜欢的一家茶楼叫作幸运楼，简单而又饱含着寓意的名字。我每天早上上班之前都会去茶楼点上一份豆豉凤爪作为早点。虽然是一道看似简单的菜，但是制作工艺却不简单。吃得多了，我就想自己尝试着做一下，于是跑去后厨看厨师怎么做，厨师师傅告诉我，首先要选上好鸡爪，选走地鸡的鸡爪是一个基础。然后在切鸡爪的时候一定要干净利落，再把切好的鸡爪放在沸水中焯一下，捞出来洗干净以后沥干。用少量的红烧酱油上色，然后油炸。鸡爪炸成金黄以后捞上来，然后再用清水浸泡，直到表面起皱。再次沥干以后放在蒸碗之中，放上豆豉和各种调料蒸一个小时，一道豆豉凤爪就做好了。各项工序可谓是复杂至极。

回到家以后，我尝试了几次才吃到自己做的完美凤爪。经过多道工序的凤爪，已经变得很是柔软滑嫩，再配上豆豉等各种作料，入口一吮肉就脱骨了，顿时齿颊留香，甚至连啃骨头都有着一种乐趣。

小小的一个凤爪，看起来很不起眼，而且也不是能登上大雅之堂的名品佳肴，但却能让人享受到品味美食的乐趣。每次津津有味地啃着豆豉凤爪，我的心里都有一股幸福感油然而生，即便过了很久，仍然保留着那种感觉，无法割舍，也无法忘记。

明华饼店

地址　广州市越秀区起义路78号

电话　020-83326046

油角
春节里的守望

　　油角,也有人将其称为"角仔",是广州人逢年过节必不可少的一种油炸小吃。在过年前的10天左右,家家户户便会开油镬,炸上一些油角。据说这是因为,这种炸油角的方式能够求得新的一年里日子也能够像油镬似的滋润富足。在新年的饭桌上,油角是孩子们最喜欢的吃食。每当看到油角,总能让我回想起曾经过年时的热闹,更加想回家团圆。新年来临时,一家老小围坐在餐桌旁,喜气洋洋地吃着油角,是我记忆中最美丽的画面。

　　当地人基本上是这样制作这一小吃的。第一步,准备面皮的材料,包括低粉、猪油、鸡蛋、砂糖、椰蓉、花生、芝麻等。准备面团的时候,一定要注意待面团醒30分钟后才可以使用,芝麻也要是炒熟的,因为那样口感会更加清香。第二步,根据比例将馅料搅拌均匀,随后将面团包好馅料。第三步,在油热后放进油角煎炸,炸至金黄色就差不多了。

　　包油角也是一门学问,它不同于包饺子。包油角时要运用锁边的方式,对折黏合之后,再用指甲沿边捏成麻绳的形状。一个个包好的油角,整齐地放在盘子里，也是一道非常漂亮的风景。因为每个家庭的喜好不同，馅料的搭配选择是非常灵活的，口感和味道也会有所区别。有的油角吃起来会有油嘎嘎的响声，像硬质糖果一般；有的则是松脆可口，口感鲜香。

油角能够作为广州人招待客人、串门送礼的必备过年食品，一定是有它专属的象征意义的。相传，最初是因为它酷似荷包，所以人们都会自然而然地将其当作财富的象征，蕴含着富足之意。而馅料中的椰蓉、芝麻、砂糖寓意为钱包饱胀。所以油角在餐桌上出现，就是寓意在新的一年中财源滚滚。在以前，不管家里是贫穷还是富贵，到了年前，总是要开油镬、炸油角的，这也是祈求新的一年家里的日子富足。

在我心中，妈妈是个神奇的存在，她几乎什么都会做，油角自然是不在话下。我也经常向朋友炫耀我的妈妈是如何的高能。前些天，有一友人因出差来到广州，见面后，基于我平时的炫耀，特别想尝尝我妈妈的手艺。我欣然答应，早早地让妈妈准备好所需要的材料，等我带着朋友一回到家中，妈妈就开始炸油角，很快就做好了。在饭桌上，朋友吃着妈妈做的油角，连连赞叹，他非常感谢我和我的妈妈让他在异地他乡品尝到了家的味道、亲情的味道。就这样，我们一边吃着酥脆可口的油角，一边谈天说地，唇齿间留下了油角的清香，脑海中怀念着以前准备新年吃食时的温馨。

长大后，妈妈年纪大了，很少再专门给我们做油角了。有时想吃了，我就去起义路上的明华饼店。这是一家老字号饼店，有各种粤港地区的特色点心，如鸡仔饼、老公饼、鞋底饼等，还有我经常心心念念的油角。只不过，油角这道点心，现在很多店铺只在元旦和春节时制作和出售，而我去的这家明华饼店，也只在春节时才可以买到。

东江鸿星海鲜酒家（艺都店）

地址　广州市越秀区侨光路2号

电话　020-83184901

东江盐焗鸡
盐焗出来的好味道

在东江海鲜酒家推出的众多菜肴之中，东江盐焗鸡比较出名。东江鸿星海鲜酒家是粤菜中的老字号店了，被很多爱吃、懂吃的广州人大力称赞。这家酒楼为粤菜培养了很多优秀的厨师，在广州星罗棋布的诸多美食店铺中独树一帜，绽放着粤菜老字号独有的传统魅力。若是来到广州，穿梭于大街小巷的美食之间，一定不要错过东江鸿星海鲜酒家的东江盐焗鸡。

东江盐焗鸡是广州的一道特色名菜。据说，它是在广东东江一带被首创出来的。在300多年前的东江地区，那里的沿海有很多盐场，在那时有很多人把鸡煮熟，再用一种特制的纸包好，埋入盐堆里久储。这样做出来的鸡，肉质鲜香可口，别有一番风味。于是，"盐焗鸡"就这样被创制出来了。用这种方法制作出来的盐焗鸡，成为当地很多店家的首选。因这道菜最初出现在东江一带，所以被称为"东江盐焗鸡"。

盐焗鸡是中国各大菜系最具特色的烹调技艺，据说它的形成与客家人的迁徙生活有着很大的联系。客家人在南迁过程中不断遭受到异族的侵扰，总是不能安定，被迫一次次搬迁。但是在居住的时候，客家人每家每户还是会饲养家禽、家畜。由于搬迁的过程中不便带着这些活着的家畜，于是他们就想了一个办法，将这些家禽宰杀后放入盐包中，这样一来，既易于携带，还能长时间保存。等到了可以安定下来的地方，他们将这些用盐腌制的家畜再加工，做成一道可口的菜肴。盐焗鸡就是客家人在迁徙过程中做出来的一道佳肴。在最初的时候，客家人仅仅只是将宰杀干净的鸡用盐封存，等吃的时候直接蒸熟，也就是现在我们常常听到的"客家咸鸡"。但是，之后又有了新的发展。相传，有一位客家妇女，她有很多孩子，其中一位小孩体弱多病，为了给这个孩子补充营养，她就变着法做食物。她不再将用盐腌制后的鸡直接蒸熟，而是用纸将腌制好的鸡包好，然后放到炒热的盐中，用砂煲煨熟。就这样，孩子吃了一段时间之后，身体竟然慢慢好了，逐渐强壮，之后还参加了科举考试，高中了状元。就这样，这道菜被越来越多的人知晓，渐渐成为所有客家妇女都能烹制的拿手美食。后来，为了能够更加方便制作，可以大批量生产，客家厨师不断改良创新，最终创制出别具一格但同样鲜美的东江盐焗鸡。此外，盐焗做菜的方法还成了客家人做菜的特色烹调法，他们制作出了一系列的"盐焗系列食品"，如盐焗凤爪、盐焗狗肉、盐焗猪肚、盐焗水鱼等。

上个月，一个朋友来广州出差，点名要吃东江盐焗鸡。傍晚时分，我就带着他来到了东江鸿星海鲜酒家，六点左右人还不算太多，我们直接就在服务员的引领下坐到了位置上，点了东江盐焗鸡。被撕成片的鸡肉香味浓郁，皮爽肉滑，骨肉鲜香。朋友吃后更是赞不绝口，相约下次再聚，一定要再吃一次。

一盘东江盐焗鸡，给这次老友相聚添上了最美的一笔。

惠食佳（东风店）

地址　广州市越秀区东风路760号

电话　020-87339888

红烧大裙翅
一次味蕾的盛宴

　　红烧大裙翅是粤菜高级宴席中的菜肴，是广东地区的汉族传统名菜。它选用质地上乘的裙翅煨制而成。除了主要材料，要制作出一份味道上乘的大裙翅，一些辅助性材料必不可少，例如，猪脚、鸡脚、瘦猪肉、火腿汁等。各个酒楼的制作方法不一，味道也会有所不同，但是无一例外，做出来的成品都是汤浓郁香醇、翅针嫩滑可口。

　　红烧大裙翅是一道营养价值非常高的佳肴。《调鼎集》中讲道："鱼翅以金针菜、肉丝炖烂常食，和颜色，解忧郁，有益于人。"由此可见，鱼翅有非常好的补益作用。同时，鱼翅蛋白质含量非常高，有中医研究，认为鱼翅是非常好的益气、开胃、补虚佳品。

　　红烧大裙翅这道菜有着悠久的历史。清代胡子晋《广州竹枝词》云："由来好食广州称，菜式家家别样。鱼翅干烧银六十，人人休说贵联升。"清徐珂《清稗类钞》中同样也记载了这样一段话："广东之酒楼，可谓冠绝中外。菜以鱼翅为主要之品，其价每碗自十元至五十元。十元以下不能请客也。翅长数寸，盛以海碗，入口即化，鲜美酥润，兼而有之。然以群乐、南园两家为贵。"20世纪30年代后，广州各大酒家都争相制作有自己特色的名牌翅品，尤以大三元酒家制作此菜最为经典，至今仍享誉海内外。

　　红烧大裙翅因为材料珍贵，因而售价也比较昂贵，我刚在惠食佳饭店食用的单人份都要将近400元。但是，千万不要被其价格吓跑。俗话说"一分价钱一分货"，红烧大裙翅一定能够对得起你花的钱。换一种想法，辛辛苦苦工作一周、一个月之后，到酒楼点上一份红烧大裙翅，好好犒劳一下自己，享受一下美食的盛宴，那种感觉不是也很好吗？当点好的大裙翅端上来，轻轻地用筷子挑起，放到嘴中，韧中带脆，味蕾得到了极大的满足。

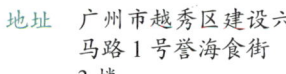

地址	广州市越秀区建设六马路1号誉海食街3楼
电话	020-83882625

酸辣海蜇丝

夏季开胃之首选

炎热的夏季，人们受到头顶炎炎烈日的影响，很难有食欲去吃一些高热量的东西，更不要说什么火锅一类的东西了。尤其是地处中国南端的广州，温度更是奇高。在这样的时节，这样的地区，酸辣海蜇丝就是一个非常好的选择。不管是大小茶楼、酒楼，抑或是自己家中，这道菜都是人们非常喜爱的夏季凉菜。

在夏天，懒得出门，不妨自己在家也做一份酸辣海蜇丝吧，方法非常简单，将提前准备好的海蜇丝倒上辣椒油、醋、香油等调味品拌一下，再撒上一些香菜，一份好吃开胃的酸辣海蜇丝就做好了。想要口感更好，可以提前将料汁放入冰箱冰镇一下。

在广州生活这么多年，我因为喜欢吃酸辣海蜇丝，品尝了很多家的这道菜。但最终，还是觉得禄鼎记家的这道菜最棒。看名字还很有意思，和金庸先生的小说《鹿鼎记》名字谐音。这家店处理的海蜇丝味道非常不错，所以一到夏季,我总是迫不及待地来到这里吃上一盘海蜇丝开开胃。

我一直非常好奇,这家店怎么能这么火爆,每次来这里,几乎都是人满为患。细细品味,这家店的海蜇丝确实与别处不同,在夏日里作为一道开胃的凉菜,实在算得上是极品。吃上一口,酸酸辣辣的味道缓缓滑过舌尖,伴随着凉凉的感觉再一点点渗入味蕾,真是太好吃了。最初,只是一点点辣,吃着吃着,辣味越来越大,香味也越来越浓郁,让人完全停不下来。这与别家那种寡味的酸辣截然不同。

有一次,有一个朋友恰巧来广州出差,正是最热的时候,机场接到他的时候,快到吃午饭的时间了,我带着他来到了禄鼎记这家店。我首先为他点了一份酸辣海蜇丝,让他吃。只记得他说:"这道菜真是美味爽口,让我食欲大开,在路上我真是要热炸了,什么都不想吃。"就这样,在我带他吃了这道夏季的经典菜肴之后,每次夏季他来到这里,都会点上一份酸辣海蜇丝。

对于我们来说,炎热的夏季,吃上一份酸辣海蜇丝,不仅满足了我们的口腹之欲,更是一剂愉悦心情的良药。

一边细细品味着酸酸辣辣的味道,一边感受着海蜇丝的凉爽,吹着来自远方的风,看着人来人去,一颗躁动的心随着这触动味蕾的美食渐渐平静下来。我不由得想要感谢这道出现在夏日里的美食,正是这凉爽的美味让这个夏季不再炽热。

荔湾区
不同食材的天作之合 >>>>>

水秀花香,人杰地灵。漫长的时光里,人们不断追求着美味,享受着美味佳肴带给我们身体的滋养与恩泽。带上你贪吃的胃,来这里走一走,一定会不虚此行。

西关人家

地址　广州市荔湾区德星路9号荔湾广场南塔3楼

电话　020-81380308

陈皮牛肉

麻辣回甘，陈皮味甜

　　陈皮牛肉是汉族的一道传统名菜，属于川菜的一种，它是由中药陈皮和牛肉加以搭配，配上各种作料做成，颜色红亮，口感酥软，麻辣回甘。但是，陈皮牛肉虽是一道川菜，却因其用料为陈皮，也深受广州人的喜爱。

　　众所周知，广州人非常擅长食疗，会在食物中充分利用各种中药，陈皮就是其一。广东陈皮，最出名的是新会陈皮，新会生产的大红柑的干果皮是制作陈皮牛肉的最好调料品，一直被人赞誉。

　　关于新会陈皮，还有一个传说。据说在宋代以前，新会地区生产的柑橘还没有成规模，也没有现在所谓的"广陈皮"这样的名称，那时还叫作"橘皮"。到了南宋时期，有一个叫黄广汉的徐州知府，出身官宦世家，妻子是名门贵族之女米氏。米氏自幼饱读诗书，精通药理，在当时主要侍奉杨太后。一次，杨太后得了乳疾，请了很多御医来看，都不管用。黄广汉听妻子讲后，就将新会特产的一种柑橘制成药材，交给了妻子，他的妻子米氏就用这种药材给杨太后看病。过了一段时间，太后的病果然慢慢地好了起来。太后很高兴，得知陈皮这种药材就是米氏的丈夫黄广汉所制，就用了黄广汉名字中的"广"字命名新会的橘皮，同时为了区别其他地方的橘皮，就有了"广陈皮"这个名字。

因为米氏也非常熟悉药材之道，趁着这个机会，她还协助丈夫将中原先进的种柑技术带回新会，研制出一套特别的制陈皮的方法，并将此法传给自己的后代。慢慢地，"广陈皮"渐渐走向大众，很多善食之人纷纷用这种高质量的陈皮研制美味佳肴。

相传，陈皮牛肉最早是由四川黄晋林创制的。当时朝廷派官员出差，来回最快也要几个月。这一路上，必须要带些吃的东西补充体力，这些东西还必须既能够长时间储存，又方便携带。一次，黄晋林要出差，临行之前用陈皮和牛肉以及各种调料做成了一道陈皮牛肉，装在罐子里便上路了。路上饿了的时候，他就拿出来吃。他发现，这陈皮牛肉经过长时间的储存，颜色呈现深褐色，味道更加浓郁，而且没有其他怪味。就这样，久而久之，陈皮牛肉就成了当时人们出差必备佳肴。因为其口感好、味道香，渐渐地被人端上餐桌。

在广州市，很多酒楼、茶楼都会有这道陈皮牛肉，荔湾区的西关人家就是其中一个。西关人家经营的食品高达几百种。我和朋友远远便看到门前黑色的匾额，匾额上是金黄色的"西关人家"四个大字，听朋友说，这是著名画家关山月亲笔书写。走进店内，灰墙、琉璃、青石桌椅，透着浓郁的古风之气。绕过古色古香的镂空屏风，我们坐下来，点上一份陈皮牛肉。菜端上桌，我尝一口，不仅有麻辣咸香的味道，还有着淡淡的甜味。吃着美食，欣赏着处处充满着西关风情的美景，这何尝不是一种享受。

胜记手撕鸡（惠福西路店）

地址	广州市荔湾区西湾东路
电话	15999985339

手撕鸡
低热量的减肥美食

广州人喜欢吃鸡，甚至可以说是无鸡不欢。因而，广州人也自然而然地成了最懂吃鸡的人。有调查显示，一只鸡，广州人可以变着花样有一百多种吃法，广州人平均一天要吃掉一百只鸡，这样的数据真是让人惊叹。对于广州人来说，高山散养的鸡才最适合烹饪美食。因为只有这样的鸡，做出来之后肉质才会更加嫩滑紧致。

广州单单是以鸡为原材料的美食就占据着重大篇幅，盐焗鸡、手撕鸡、文昌鸡……每一道都口感独特。在这众多色香味俱全的菜肴之中，香麻手撕鸡更是广为人知。成品不仅外观优美，而且口感香麻、香味浓郁、低热量，是一道既好看又好吃又可减肥的传统粤菜。在广州，很多店铺都少不了要做上一份美味可口、低热量的手撕鸡。

在荔湾区，如果你想尝一尝这美味的手撕鸡，一定要来胜记手撕鸡。初次来到这家店，是在一个朋友的带领下，店面虽然不是特别大，但是这家店对于美食的追求却不低。朋友告诉我,这家店可以让你体会到广州人对于鸡的极致追求,他们家选料绝对正宗。说着话的工夫,一盘热气腾腾的手撕鸡就被服务员端出来了,一眼望去,一片诱人的金黄色,撕碎的鸡肉、甘香的汤汁正散发着浓郁的香味。我拿起筷子吃上一块,细腻的鸡肉紧实而滑嫩,油而不腻,还带有浓郁的鲜香味。我不禁感叹,味道真是不错。

我不得不承认,他家的手撕鸡确实与别家不同,怪不得这家店的生意如此红火。那手撕鸡之中的香醇味道是缓缓漫过舌尖,再一点点渗入味蕾,味道是那么的醇厚而浓郁。

一边细细品味着美味的手撕鸡,一边与朋友谈天说地,内心真的是无尽的满足,整个世界仿佛都被这触动味蕾的美食彻底改变了。我不由得想要感谢这天赐的美食,正是这浓烈的美味让时间的流逝变得如此幸福。

时隔多年,回想起与朋友一块吃手撕鸡的日子,还是会不由自主地笑出来。对经常在外地漂泊的我们来说,那香醇的手撕鸡在口中慢慢咀嚼时,家乡的感觉便回来了,以往的一幕幕纷纷闪现。岁月流逝,希望在今后的日子里,还是能经常品尝这家乡的美味。

寻味广州

百燊私房菜

| 地址 | 广州市荔湾区芳村大道200号 |
| 电话 | 020-62322332 |

凉拌广东菜心

万绿丛中一点红

俗话说：万花丛中一点绿，可是我今天要说的正好相反，"万绿丛中一点红"——这就是清爽可口的凉拌广东菜心，所谓的"绿"指的是绿色的菜心，而那"红"则指的是凉拌好菜心之后上面撒的一些枸杞。凉拌广东菜心是广州男女老少都喜欢吃的夏季菜品。

发现这道美味，是一个偶然的机会。一次和同伴去农家乐，我们到的时候刚好是中午，因为是仲夏时节，天气特别炎热，我们又热又累，非常希望吃一道清淡的菜品。店家便提议让我们尝尝他家的凉拌菜心，我们便点头应允了。但一想菜心很普通，吃起来清淡是清淡，但做得不好也寡淡得很，于是我循着老板的身影也进了厨房，打算看看他们如何制作这普通的菜心。

只见厨师先是将菜心切去根，再用开水焯，等到菜心颜色稍微变化时，就将菜心捞出来。那焯菜的水里还放入了碱面和植物油，厨师说，这样可以让菜心的颜色更加鲜艳。焯过水的菜心还需用凉水过一下，之后沥干水分，切成段，再放入一个小盆子里边。然后加入盐、鸡精、香油抓拌均匀，盛在盘子里后，再撒上些熟的白芝麻和泡好的枸杞即可。

这道菜看起来并没什么特别之处，但是颜色鲜亮，吃起来味道非常特别。菜心的清香，枸杞的淡甜味，再加上香油和熟芝麻混合在一起的浓香，真是太好吃了。

我们很快就把一盘都吃光了，吃完之后只觉得浑身清爽。等到老板闲下来，我们同他闲聊，他告诉我们这道凉拌广东菜心在夏季吃非常好，解暑去热，还能补充人体所需的维生素。和朋友回去的路上，我们还在说，那道凉拌广东菜心真是不错，而且制作方法也非常简单，自己在家里也可以做。

在湿热的夏季，老广州人非常喜欢这道菜肴。吃了这道菜，人们心里会非常舒坦，心里的那份暑气也会因这道菜而慢慢散去。如今这道凉拌广东菜心已经成为好多酒席上的必备菜品。

如果你想吃上一份好吃的凉拌广东菜心，荔湾区的百燊私房菜是个不错的选择，菜的味道自然不用说，店内环境也是非常舒适，吃饭的时候会感觉很自在。店员服务热情周到，是个值得一去的好地方。

莲香楼

地址	广州市荔湾区上下九第十甫路福星商场西50米
电话	15915715205

酥皮莲蓉包

莲蓉界的小清新

广州的点心是历史悠久的传统美食,在广州各大茶楼、饭店都能寻觅到它们的身影,并且种类繁多、做工精细。早在清代,屈大均的《广东新语》中就记载了多种民间美食,酥皮莲蓉包就是其中一种。这种小糕点发展到今天,始终长盛不衰。酥皮莲蓉包是用半发酵面和酥心面和在一起而制成面皮互相折叠,里面再包上一些莲蓉馅,皮薄酥软,内馅鲜美甘香。

酥皮莲蓉包有一个非常奇特的标志,就是在包好莲蓉包之后,在顶端划上"十"字的形状。据说这个划"十"字的传统由来已久,早在魏晋南北朝时已有这种制作方法,直到今天,莲蓉包还沿承着这一古老风格。

随着美食节目的开播,广州经典美食也逐渐被更多的人所了解。酥皮莲蓉包作为广州地区的传统特色小食,更是引起各地食客的兴趣。上乘的酥皮莲蓉包非常有特色,看着那层次鲜明、色泽诱人的莲蓉包,你会不由自主地拿上一个品尝。咬上一口,口感沙甜松软,还带着淡淡莲香,甜而不腻,让人简直停不下来,直到吃完还意犹未尽。

对于很多人来说,酥皮莲蓉包是一种家乡的味道。朋友在外地工作,长时间不能回来,经常跟我倾诉,好想念家乡的酥皮莲蓉包。我会时常给她寄去一些家乡的小吃,莲蓉包就是一个必备品。

如果你想吃正宗的酥皮莲蓉包,一定不要错过荔湾区上下九步行街的莲香楼。这是一家过百年历史的老店,有着"莲蓉第一家"的美誉。相传,莲香楼的前身是一家在广州西关的糕饼店,在清光绪二十五年(1899年)更名创立了"莲香楼",主营早上茶市,而其茶市特色食物就是莲蓉饼食。所以,来到广州,一定要去这家老店,品尝一下他家的特色酥皮莲蓉包。

武林厨神·粤式茶楼（上九路店）

地址　广州市荔湾区上九路83号2-3层

电话　13640790141

粤式奶黄包
甜包子里的人气王

广州人对于美食有他们自己独特的判断，这一点在甜食方面表现得更加明显，从琳琅满目的甜品式样中就可以看得出来。而其中粤式奶黄包则更是我的最爱。

小时候，妈妈每天早上喜欢带我去传统的粤式茶楼点上一份奶黄包作为早茶，在我的记忆中，当我第一次体会到这种美味带给我味蕾的奇妙感觉时，我感觉幸福极了。长大后，我喜欢穿梭于广州的大街小巷，寻找不同店铺的美味奶黄包成了最令我感到满足的事情。我一边吃着香甜可口的粤式奶黄包，一边望着川流不息的人群，忽然觉得幸福有时真的很简单。

在市井与街道之间到处都有美食的踪迹，我可能会在有落日的青石板上吃上一碗煲仔饭，也有可能约上三五好友去粤菜馆吃上一两顿大餐，把那些拥有传统粤式风味的美食全都收进味蕾，再或者去找一些当地最传统的食物……然而，即便是阅菜无数，对于我来说，最触碰我心灵的美食，还是这道奶黄包。

奶黄包吃起来会有浓郁的奶香和蛋黄味道，这独特的味道被大多数广州人所钟爱。当你的舌尖触碰到那股甜甜的滋味，也许任何的烦恼都会抛到脑后。所以一般广州人在喝早茶的时候，都会点上一笼奶黄包，在缓慢的时光与独特的味道中开始一天的工作与生活。

要让我推荐一家我最喜欢的奶黄包店，莫过于位于上九路上的武林厨神·粤式茶楼了。这里的茶点非常丰富，虾饺皇、流沙包、奶黄包、叉烧酥、艇仔粥等数不胜数，而且个个都是一流的美味。茶楼环境优雅，闹中取静。来到广州，要吃早茶，要吃上乘的奶黄包，在我看来，这里是最好的择了。

寻味广州

兰桂坊珍味馆
（沙面总店）

地址　广州市荔湾区沙面南街5号（沙面网球场旁）

电话　020-81216733

鱼子豆腐
粒粒皆精华

　　鱼子豆腐可谓是粤菜中美味且营养价值极高的一道美食。晶莹剔透的鱼子和细嫩柔滑的豆腐搭配在一起，不仅给人以视觉上的美感，更给人带来口感的美妙享受。

　　豆腐营养价值高，制作方便，并且能与生活中的众多食物相搭配，口感极佳。而与比较特殊的食用材料——鱼子相搭配，简直就是高优质蛋白质的碰撞与融合。鱼子这样的海产品既方便获得，又受到广大民众的喜爱。在古代文献中曾记载过王宫贵族的宴席上有鱼子豆腐之类精致菜肴，如今鱼子豆腐已经成为寻常百姓家中常见的食物，这道菜虽然大众化，却是一道不可错过的人间美味。

　　鱼子豆腐的制作方法很简单，对原材料要求也不高。新鲜的嫩豆腐和适量的鱼子就可以制作出一份好吃又好看的鱼子豆腐了。当然鱼子豆腐的做法有许多种，地方不同或者人们口味不同，制作方法也略有不同。

每次母亲做鱼子豆腐时，我都会待在旁边观看，不管看多少次，做鱼子豆腐的过程对于我而言都是一场绝佳的视觉盛宴。母亲总会用手指轻轻地捏着豆腐，香滑的豆腐只是看着就觉得无比美味。黄白相间的恣意组合点上嫩绿的葱花，完全就是艺术，简单的艺术。

心中怀着对鱼子豆腐满满的憧憬，舌尖上开始欢快地跳跃着千万的味蕾。我穿过广州车水马龙的街头，循着味道，跟随期待的思绪，来到兰桂坊珍味馆。听路人说这家馆子口碑特别好，特色菜不仅多，而且卖相好、菜品好、口味棒。我迈着脚步走进兰桂坊珍味馆的大门，一步步随着侍者走进，按捺不住激动的心情点了想吃的鱼子豆腐，上来的瓷盘中橙黄剔透的鱼子和雪白光滑的豆腐交相呼应，令人眼前一亮：真是漂亮极了！豆腐的完整性比较好，上面布满颗颗晶莹的鱼子，细细地品尝回味，感觉胃都好像不是自己的了，豆腐的香甜嫩滑，鱼子的独特饱满，一瞬间，好像世界的美味都在自己口中了，心中满满的温暖。

曼玲粥店

地址	广州市荔湾区环市西路 35-14 号
电话	18688876521

白果黑米粥
扶正固本的滋补佳品

白果黑米粥，是一种由黑米、糯米、白果熬制成的养生粥，具有扶正固本、益气养胃、敛肺平喘的功效，一直以来都是公认的滋补佳品。白果和黑米都是补气的，尤其是白果，营养价值非常高。白果也称为银杏，李时珍在《本草纲目》中记载："原生江南，叶似鸭掌，因名鸭脚。宋初始入贡，改呼银杏，因其形似小杏而核色白也。今名白果。"

而黑米相传是两千多年前汉武帝时期，张骞最先发现的。黑米也被称为"补血米""长寿米"，营养价值极高，很多人用它来煮粥、加工酿酒等。而在广州地区，黑米一般被用来和白果、糯米一块儿煲粥吃。

广州的冬天总是湿寒，所以我在小的时候会不停地咳嗽。每次我咳个不停的时候，总能看到妈妈坐在小板凳上剥白果皮。这个时候，我就会非常感动，对妈妈充满了感激，因为我知道，妈妈又要专门为我熬粥治咳嗽了，这基本上已经成了惯例了。每次妈妈剥白果皮的时候，我都非常困惑，为什么不一次性剥完呢，这样就不用每次煮粥都剥白果皮了，可以减少很多麻烦。

当我说出我的疑惑时,妈妈笑了笑,说剥了皮之后的白果不能长时间放,会有毒性产生,因而就不能达到治病的效果了,反而会再给你添上一种病。

小的时候,每次妈妈煮粥,我都会在旁边给妈妈打下手。现在想想,我觉得那时候真幸福。看着妈妈熟练地将白果、黑米、糯米洗干净放在锅内,拿勺子按照顺时针搅动,只觉得一碗粥承载了妈妈无尽的爱和关怀。我一边和妈妈聊天,一边等待着白果黑米粥的香味慢慢溢出锅。等到熬好了,妈妈拿碗盛上粥,再给我加上几块冰糖,便让我慢慢喝,喝上几次,咳嗽便能慢慢好转,这真的比吃药打针要好多了。

前几天,我和朋友逛街,她抱怨自己一直咳嗽不停,吃药也不管用。于是我带着她就来到了环市西路上的曼玲粥店,点上一份白果黑米粥让她喝。店里上餐速度非常快,没多一会儿,一碗冒着热气的白果黑米粥便被放到了我们眼前。精制的白色陶瓷碗搭配黑色的粥品,煞是好看,像一件艺术品。我拿起勺子吃上一口,香味清雅,黑米浓郁的口感和白果软糯的味道中夹杂着冰糖的一丝甜意,一点儿也感觉不出来白果的苦涩之味,细嚼几口后便能滑下喉间,甜糯爽口。朋友吃过之后,连连称赞味道极佳。我和她说:"不仅是让你来品尝美食的,还是让你来治病的。连着喝几次,你的咳嗽肯定好。"她半信半疑。我跟她解释:

"白果可以除湿化痰、敛肺气、治咳喘,和黑米、糯米一起煮粥对肺有很大的好处。"两天后,朋友果然打来电话,一上来就激动地说:"真是太神奇了,我的咳嗽真的好了。一定是我连着喝了白果黑米粥的缘故。以后再咳嗽,就这么治,再也不要吃那苦涩的药了。"

我不禁感叹,人们的智慧真是无穷啊。看着月空下广州大街上的灯火,不知道哪条街道、哪家店铺又隐藏着绝佳的美食呢。

大嘴食馆

地址　广州市荔湾区西朗麦村北约55号101室

电话　020-81510998

百花酿鸭掌
好一个美味绵绵掌

在广州众多著名美食中，各色名美菜香的佳品一直深受人们喜爱，而在众多的美食中，有一种特色美食因其具有独特的味觉感受，而广受人们喜爱，能给人们的味蕾带来别具一格的体验，那便是百花酿鸭掌。顾名思义，这道菜的主材料是鸭掌，它是通过对鸭掌进行腌制、烘焙而做出的一道造型和谐美观、味道爽滑鲜香的小吃。

百花酿鸭掌是广州一带一道特色传统小吃。我还记得上高中的时候，在学校上完晚自习回家，差不多已经十点了，和同学一块走在路上，街旁的小铺子里发出昏黄的灯光，一股熟悉而浓郁的香味悠悠然飘入了鼻中。每当这个时候，我们总是难以抵挡住美食的诱惑，忍不住进去吃上一份百花酿鸭掌。单单是看那外表就已经吊足了我们的胃口，清亮的汤汁散发着诱人的香味。我拿起筷子夹一个，蘸一些汤汁，吃到嘴里，外酥里嫩，鲜滑可口。

这道百花酿鸭掌虽然用料简单，做法也不难，但是要做好一份上乘的百花酿鸭掌却还是相当需要一些功夫的。首先需要用滚水将鸭掌煮至六分熟，然后用慢火煎鸭掌，煎熟的时候，淋上一层用老抽、白糖、味精、麻油、胡椒粉、辣椒粉等勾芡的汤汁。这个过程中，勾芡的汤汁的调制、火候的把握都是相当有学问的。

前几天我和朋友特地去了一趟荔湾区西朗麦村的大嘴食馆，目的就是吃上一份让人过瘾的百花酿鸭掌。我们几个人时常会来这里吃些小吃，所以，再次来到这里，点菜自然是驾轻就熟，还没看菜单，我们就迫不及待地点了一份百花酿鸭掌。朋友看着我心急的样子，调侃道："也不知道是谁，第一次来吃还不敢吃。"是的，最初，我对这道菜还是比较抵触的，但是在朋友的软磨硬泡之下，再加上看到他们几个吃得畅快淋漓的样子，我最终还是鼓起勇气毅然决然地伸出了筷子，可也就刚吃了一口，我就被惊艳到了，那是一种从未体验过的美味，来不及细细品味，我也加入了他们几个狼吞虎咽的队伍之中。一直到今天，我已深深地爱上了这个百花酿鸭掌的味道。

拉着朋友，穿梭在广州的大街小巷，吃上一份美味绵绵的鸭掌，真是极其幸福的一件事情，让人回味无穷。

番禺区
与一流粤食的相见恨晚 >>>>>

一个地方,一种文化,美食也不例外。番禺区的美食也有其独到的韵味,让我们在这吃吃喝喝之间感受番禺人的智慧与匠心。

渔村皇宫

地址　广州市番禺区迎宾路557号

电话　020-34898188

生滚粥

浑然天成方是好粥

在我国，粥的历史最早可见于《周书》："黄帝始烹谷为粥。"早在四千年前，我们的祖先就开始食用粥。我国古代诗人陆游曾专门作过一首名字叫作《粥食》的诗："世人个个学长年，不悟长年在目前。我得宛丘平易法，只将食粥致神仙。"从这首诗来看，诗人已经看到了粥不仅是一种食品，更是有着养生、延年益寿等神奇功效，古人在这里对粥的认识已经上升到了一种新的境界，粥在人们生活当中的地位也越来越重要。

生滚粥，属于粤菜系的一种，是广州日常粥品的一种统称。它包含很多种不同的类型，有粥底绵滑、鸡肉鲜嫩的生滚鸡粥，有散发着淡淡青菜香味的生滚菜心肉丸粥，还有生滚鱼片粥、南瓜蟹肉粥、窝蛋碎肉粥等。这几种粥，都是人们非常喜爱的粥品。这些粥制作方法非常简单，也非常适合自己在家做。它们有一个共同的特点，那就是需要在预先煮好的粥里边添加一些辅料，一锅滚熟而成。

依稀记得儿时，冬季的每天早上，我都要很早就起床，每次起床之后都会被冻得瑟瑟发抖。在这个时候,妈妈都会端着粥过来,一边递给我一边说:"喝过之后就不冷了。"事实也是那样,每次吃着吃着,刚起床的寒意就消失了,身体渐渐暖和了起来。等到完全喝完的时候,丝毫感觉不到冷,再戴上妈妈拿好的帽子、围巾、手套,暖暖和和地往学校跑。那个时候,觉得妈妈做的生滚粥和围巾、帽子、手套是标配,让我冬日里不再惧怕寒冷。那个时候,生滚粥成为我生活中不可或缺的陪伴。现在回想起来,满是幸福。但是,随着年龄的增长,种种原因不能经常待在妈妈身边。冬季的早晨,没有了妈妈准备的生滚粥,我的围巾、手套少了它的好搭档。想到这里,莫名地伤感,莫名地想念妈妈、想念家,想念那些年的冬天,想念充满着浓浓亲情与爱意的生滚粥。

相信每一个家庭,都会在冬季做上一锅生滚粥,偶尔一家人围坐在一起,各自捧着热气腾腾的粥互诉家常。一边品味着淡淡清甜的美味,一边享受着家庭的幸福美满。这何尝不算是一种幸福呢?生滚粥不仅可以补充营养和增加热量,带给人暖暖的感觉,更是一份情怀、一种思念。

广州番禺区的渔村皇宫的生滚粥是大家公认的美食。一碗粥,爽、滑、鲜、香,是浑然天成的一种美味。喝过一口,浓稠的粥瞬间裹住下入的配料,鲜美的滋味牢牢锁住,慢慢咀嚼,满嘴飘香,这是在别处尝不到的美味。

试想一下,寒意倍增的秋冬之季,吃上一碗生滚粥是一件多么幸福的事。双手冰冷之时,捧着一碗冒着热气的粥,莫名地就会感到一种温暖。在一年中最冷的时节,让我们一起来上一碗生滚粥,霸气十足地击退寒意吧。

渔家土灶柴火鱼

地址　广州市番禺区沙湾大道北东村商业铺15号

电话　13060963078

千层猪耳
文火煲出的软糯

千层猪耳，对于不熟悉它的人来说，仅仅听它的名字，会觉得十分有层次感。这道佳肴有两个突出的特点，其一是薄而可见，从卖相上来看，猪耳的肉里条纹非常清晰通透，就连那细细的白嫩耳脆骨也清晰地呈现在人们眼前；其二是脆而软糯，咬上一口，慢慢咀嚼，猪耳和各种作料和谐地融合在一起，脆滑香嫩，隐隐还带着猪耳脆骨"咯咯"的响声，嚼劲十足。

我小时候不喜欢吃猪肉，连碰都不碰。有一次，母亲连哄带骗地让我吃下千层猪耳，那时小小年纪的我是第一次知道，原来世上还有这么好吃的食物。时至今日，千层猪耳一直强硬地霸占着我的口味。有时候，我觉得人的味蕾很神奇，就好像有潜意识一般，一旦唤醒它，就会一发不可收拾。千层猪耳就唤醒了我的味蕾，导致我曾经找遍广州大街小巷，只为了吃到一份直抵我心扉的食物。

千层猪耳大多时候只被当作下酒小菜，但是在食用过较为油腻的菜品之后，吃上一些拌好的千层猪耳，爽口不腻，可以让你的胃口瞬间得到缓解。作为一个吃货的我来到这家名叫"渔家土灶柴火鱼"的饭馆，点好主餐，再顺带点一份千层猪耳，便开始了休闲的午餐时刻。

暖暖的阳光洒进窗子，照在已经布好的饭菜上面，色泽鲜艳又明亮。千层猪耳被切得很薄很薄，都能看清楚猪耳上面的细小脆骨。我忍不住夹起一块放入口中，先是调味品的味道在口腔散开，紧接着便是猪耳的味道在唇齿间充斥开来，不过片刻，一盘千层猪耳便进入肚中。

千层猪耳的制作过程也并不复杂，但是却有一个非常重要的细节。它需要经过时间的考验和文火的积淀，才能呈现最完美的口感，否则，即使后期你的调味品制作得如何好，猪耳也依旧不会好吃。文火为千层猪耳增加筋道，令其糯软爽口。

千层猪耳就是一道简单之中蕴含着深层内涵的小菜，每一个喜爱美食的人都需要好好地尝尝千层猪耳，去用心品味简单菜品之中的不简单。

点都德（长隆店）

地址　广州市番禺区汉溪大道东时代 E-PARK 二楼

电话　020-85823921

鸡仔饼

源于民间的"小凤饼"

　　鸡仔饼是广州地区非常有名的一道传统小吃，也是广州四大名饼之一，原来也被称为"小凤饼"。之所以有这个名字，得益于广州西关一个富豪家里的女工小凤，因为这种饼是小凤所创，人们就用她的名字给饼命名。至于为什么又被人们称为"鸡仔饼"，那是因为人们常把鸡美称为凤，而且广州人还习惯将小鸡称为鸡仔，所以就有了鸡仔饼这个名字。

　　鸡仔饼虽然是一种小吃，但是它的制作却非常复杂，需要的配料也非常多，有花生、山羊糕粉、冰肉、核桃仁等，数不胜数。除了配料，对烤箱温度的把控也是一项非常重要的工序。只有各个方面相互配合好，做出来的鸡仔饼才酥脆可口。

　　前些天，有位朋友来广州长隆游玩，作为当地人的我，义不容辞地成了他的导游。在游玩时，我向他强烈地推荐了长隆附近的点都德，这家店的鸡仔饼非常受欢迎。我们到达店里时，人们已经排起了长长的队伍，朋友经过我劝说才愿意留下来等待。许久之后，我们才终于品尝到了这美味。朋友吃过之后，由衷地说了一句"确实值得等待"。

"这饼娇小得就好像是美女的鹅蛋脸啊！"朋友调侃道。鸡仔饼分两种类型，为了让朋友尝到不同的口感，我们两种类型都买了，一种是皮薄馅少的，这种类型的饼口感比较脆，更加爽口；而另一种则恰好相反，皮厚馅丰，这种饼外部松脆，里面非常松软，很有嚼头。入口后会感觉饼的浓香在口中肆意散开，多吃几口后，就感觉像是进入到一个香料库，多种配料的香味从馅里面迸发。鸡仔饼的味道耐人寻味，而且越是深入咀嚼，越能发觉它的香味。吃完后，嘴边仍然会久久萦绕余香。这就是广州鸡仔饼的魅力。

带朋友游玩时，朋友仍旧时不时感慨鸡仔饼的美味。因此，在朋友即将离别之日，我们又一次来到这家店，这次我们来得很早，时间充裕，便坐下来慢慢等。在等待制作的过程中，我们还听到了关于鸡仔饼的小故事。店员跟我们说，鸡仔饼之所以现在声名远扬，是因为两个"偶然"。其中之一是出现的偶然，鸡仔饼的创始人是一个女工，她在一个偶然的机会中，将自己随意组合的食物制作成饼，没想到却被客人大为称赞，因此偶然地出现了"小凤饼"；其中之二是成名的偶然，"小凤饼"经过岁月的变迁，已经渐渐被人遗忘，却因为一家茶楼的月饼滞销，死马当活马医的情况下，选择了"小凤饼"替代，没想到这样的举措竟然让"小凤饼"声名远扬，而且获得多个奖项。在广州还有这样一段顺口溜是描述鸡仔饼的："老乡老乡，几时出省城？省城最有名，成珠鸡仔饼，你去省城最紧要买鸡仔

饼。"由此可见，鸡仔饼在广州人心中的地位。

长久以来，鸡仔饼不仅成为广州本地人日常的吃食，也成为广大游客来广州必须尝试的小吃之一。很多来广州旅行的人，总是会亲自来尝一尝传闻中的鸡仔饼，临走时还特意带几份回去馈赠亲朋好友。

沁芳园（沙湾总店）

地址　广州市番禺区沙湾南村大巷涌路 85 号

电话　020-84732479

马蹄糕

软滑、爽韧兼备

在广州，说起马蹄糕，那简直是家喻户晓。不管是高档的茶楼餐厅，抑或是街边早餐小店，都能寻觅到它的身影。大家都知道广州人喜欢吃早茶，他们每次吃早茶的时候，必点品就是马蹄糕。

马蹄糕外形方正，呈茶黄色半透明状。据说，唐高宗登基的时候，岭南道节度使把广州特产泮塘马蹄、莲藕、慈姑、茭笋、菱角放在一起，命画匠作了一幅《泮塘五秀》，然后把这五种特产连同图画献给朝廷，唐高宗龙颜大悦，命令用这五种特产作为登基的祭祀物品。

后来，因为这幅著名的《泮塘五秀》，泮塘村的马蹄引起了人们的注意。战乱时期，有一户人家逃荒，搬到泮塘村去住，这时恰逢马蹄收获，当地人吃不完鲜马蹄，打算储存起留着慢慢吃。不久，鲜马蹄开始腐烂，这户人家觉得可惜，就用焙面的方法，把马蹄去皮捣成浆，用慢火焙干成粉，制成"泮塘马蹄粉"。很快，"泮塘马蹄粉"在当地流行起来，又有人用马蹄粉制成糕点，即为现今的马蹄糕。后来，马蹄糕就成了广州地区有名的甜点小吃之一。

广州人一般都懂得如何制作马蹄糕，闲暇时刻，蒸上一屉马蹄糕，当早餐享用，是最好不过的一件事。普通的马蹄糕很好做，准备好马蹄粉、糖，再加上一些水调浆、冲浆，蒸制就可完成，非常适合当作居家的早餐。

我有一个好朋友非常擅长做马蹄糕。据她回忆，她最初喜欢上做马蹄糕，源于小时候的经历。她在一家茶楼初次品尝过后，就觉得太好吃了，下定决心一定要做给妈妈吃。只不过那时候还小，她并不知道如何制作。直到一次到姑姑家做客，姑姑教她制作方法。她认真研究，最终在姑姑家初次做出了自己的马蹄糕，虽然卖相不是很好，但是味道却很好。她回家之后，马上准备了需要用的材料，细心、认真地为妈妈做好了一份属于她的马蹄糕。妈妈下班回来，吃到之后，非常感动，对她说这是她吃过最好吃的马蹄糕，她的味蕾会永远记得这个味道。因为这个原因，朋友从此之后经常研究制作各种各样的马蹄糕。马蹄糕里也饱含一份女儿对母亲的爱。

而较为复杂的马蹄糕，如双色马蹄糕、泮塘马蹄糕、玛瑙马蹄糕、生磨马蹄糕、透明马蹄糕、三色马蹄糕、鸳鸯马蹄糕等，就没有这么简单了，材料较多、做法稍微复杂。在广州的各个茶楼，几乎都会有很多不同种类的马

蹄糕，完全可以满足顾客各种各样的需求。当你试图用筷子夹起一块马蹄糕时，你必须要小心翼翼，稍不留神它就会掉下来。筷子夹起时，它会在筷头颤动不停，非常有趣。

记得以前学校的门口，整个一条街有很多小商贩都卖马蹄糕，学生们都非常喜欢。在家来不及吃早餐的同学会顺手买一份马蹄糕，边走边吃。有时即使不饿，路过这些小摊，闻着清香甘甜的味道，也会忍不住驻足买上一份。放学、大课间，马蹄糕更是抢手。几乎每个小摊前都围满了学生，每个人都充满期待地等待着自己的那一份马蹄糕快快地拿到手里，好大快朵颐一番。

因为马蹄糕制作简便，吃起来松软可口、香味扑鼻，所以很多小商贩都会选择卖这种食品。一般是个体摊担现做现买，各个巷口街头，随处可见。来往行人，随手买一份，非常方便省事。正宗好吃的马蹄糕，味道自然是一流，有入口弹牙的感觉，咬在嘴里香软细腻，就像果冻一样晶莹剔透，口感滑嫩。

广州番禺区的沁芳园，是个吃马蹄糕的好地方。这是一家老字号店，店内装饰得很有特色，干净宽敞，很舒适。

每当黄昏的时候，沁芳园里总会聚满顾客。我也喜欢在这个时候进店买甜品，经常看到年轻的妈妈们接了孩子放学，然后来店里吃一份马蹄糕。小店里洋溢着温馨又热闹的气氛，店员热情地帮顾客打包甜品，食客们挑选自己喜欢的食物，而我也总是在这个时候有一种惬意放松的感觉，仿佛回到童年，马蹄糕的甜味久久在舌尖萦绕。

寻味广州

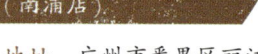
味觉印象牛杂牛腩粉
（南浦店）

地址　广州市番禺区丽江花园丽茹楼 A04

电话　13719075655；
　　　15018469511

和味牛杂萝卜
老广州的饮食故事

　　和味牛杂萝卜是广州一道特色小吃，是广州街头小吃中的一大美味，是每个广州人都不能忘怀的美味。和味牛杂萝卜作为广州的经典小吃，绝对值得被推荐。我小时候，路过一些小吃街，总会看见一些和蔼可亲的爷爷奶奶一边推着手推车，一边手拿剪刀，叫卖着："和味牛杂！和味牛杂！"伴随着牛杂的香味、爷爷奶奶的叫卖声，很多匆匆而过的行人纷纷停下脚步，买上一份和味牛杂萝卜。

　　关于和味牛杂萝卜还有一个故事。相传，在清光绪年间，有一个回民厨师居住在光塔寺。光塔寺在当时是一个具有悠久历史文化的清真寺，附近居住着很多回民。有个回民厨师就在光塔寺附近开了一家牛杂店，想要专门为回民做出一道美食。于是他选用牛肠、牛膀、牛肺、萝卜，又加入了花椒、八角等配料，用慢火焖煮，几个小时之后牛杂基本熟透了，萝卜也吸收了牛杂的香味。厨师把牛杂用剪刀剪成一小块一小块的,用竹签穿起来端给客人,让其品尝。客人们有时还会再搭配一些辣椒酱,吃过之后,纷纷称赞这食物真是满嘴香浓,味道独特,令人回味无穷。就这样,越来越多喜欢美食的广州人,也纷纷效仿这种做法,并进行创新。也正是因为这样,现在我们面前才有了和味牛杂萝卜这道美食。街头卖牛杂的店铺很多,但是对很多人来说,和味牛杂萝卜才是直击心灵的上好之选。

和味牛杂萝卜大多时候是出现在广州的一些路边摊上,走到街边,来一碗香喷喷的和味牛杂,那种感觉令人非常舒畅。牛杂蘸着一些辣椒酱,使得牛杂特有的香气和辣椒酱的香辣充分混合,让一些热衷美食之士纷纷赞不绝口。

现在,常见的和味牛杂有三类,一种是将牛心、牛肾、牛肝放到水中白灼的三星汤;另一种是牛羊杂汤,伴着酸萝卜一起吃;最为经典的一种便是剪牛杂,先将牛肠、牛膀、牛肺在加入香料的汤里慢火煮熬,然后用剪刀将煮好的牛杂剪成一节节的,用竹签穿在一起,和煲好的萝卜一块蘸着酱料吃,酱料一般有蒜蓉辣椒酱、油炸辣椒酱和甜酱三种,口味极好。

和味牛杂萝卜虽然是街头的平民美食,但是它的做法中却有许多简朴而不易的细功夫。在熬煮牛杂时要用小火慢熬,将牛杂的营养和香气熬出来,萝卜要晚些放,不能同牛杂一起入锅。和味牛杂萝卜最好不要加其他的香料,否则会破坏和味牛杂萝卜原有的味道。

作为一个广州人，无论走多远都会非常怀念和味牛杂萝卜的味道。和味牛杂萝卜对于广州人来说是家的味道。如果你来到广州，走上广州的街头，一定要吃上一份和味牛杂萝卜。

　　做和味牛杂萝卜口碑最好的莫过于味觉印象牛杂牛腩粉这家店。味觉印象牛杂牛腩粉在全国有很多分店，单单是广州，就有三十几家店，由此可见，这家店的受欢迎程度。这家店的服务非常周到，牛杂煮得非常有味道。除此之外，这家店铺还有浓郁的奶茶。左手一杯爽滑的奶茶，右手一碗和味牛杂萝卜，简直是人间一大美事。

> **金筷子川菜馆**
> 地址　广州市番禺区洛溪南浦东乡恒达路工业园16-18号铺
> 电话　020-34523799

咸鱼茄子煲

外酥里滑，口味咸鲜

在天冷的时候，广州人偏爱吃咸鱼茄子煲，煲过的食物热乎乎的，配上白米饭可谓一绝，一家人围着热气腾腾的饭桌大快朵颐一番，是寒冷冬夜里再享受不过的一件美事。

咸鱼和茄子这两种食材在广州是"相依为命"的。在广州街头，随便问一个人茄子怎么做，十个有九个都会回答咸鱼茄子煲，由此可见咸鱼茄子煲的魅力。广州人对于咸鱼是有着深厚的感情的，广州菜的菜谱上从来少不了的食材之一就是咸鱼。广州人会根据鱼的咸味、干湿度不同做成不同的菜肴。做咸鱼茄子煲很多人喜欢用梅香咸鱼，梅香咸鱼类似臭豆腐，是种经过人工发酵的咸鱼，闻着不好闻但吃起来很香。鱼肉经过用盐腌制后，虽然肉质不再紧实，但却多了些咸香鲜美，令人回味无穷。

做梅香咸鱼常用的是马友鱼，新晒的马友鱼十分名贵，被渔民放在粗泥埕里用粗盐腌制，烹饪的时候加入姜末和一点点白糖，这样一来鱼就没有腥味了。

我和朋友约好在金筷子川菜馆吃晚饭,店外的招牌上写着"强烈推荐咸鱼茄子煲"。咸鱼茄子煲在广州算是一道家常菜,因此我们感到十分好奇,这家饭店做出的咸鱼茄子煲是不是别有风味,所以决定品尝一下。这家饭馆环境很好,也很干净,我们在门口稍微等了一会儿,就有热情的服务生把我们带到靠窗的四人座上。

正式落座后,我和友人迫不及待地点完餐。等了没多久,几道菜陆续端上来,等咸鱼茄子煲上桌时,一股奇特的香味弥漫开来。热煲里葱花点缀的咸鱼粒喷香逼人,金黄晶莹的茄子冒着油光,我咽了一下口水。这时服务生把米饭端上桌,我拿起筷子夹了一块茄子,混着米饭送进嘴里。茄子的口感非常软糯,夹杂着咸鱼的鲜美,嘴里满是咸鱼粒的香味。我不禁点点头,抬头看朋友,二人同时说"味道不错",然后相视一笑。

吃了几口之后,我用勺子舀了一点咸鱼粒送进嘴里,油煎过后的鱼肉细

嫩肥美，咸度适当，和白米饭真是绝配！

旁边的一桌食客是一家人，有老人有孩子，他们也点了咸鱼茄子煲，也一边吃一边赞不绝口："这家的咸鱼味道不错，和家里做的不太一样，没有什么腥臭味。"

咸鱼茄子煲不仅口味鲜美，而且利于消化又有营养，是一道家家户户都喜欢的家常菜，尤其是到了冬季，这道菜经常会被端上餐桌。在寒冷的冬日，这道美味能让人感到一种家的温暖。

禾府酒家

| 地址 | 广州市番禺区兴南大道389号 |
| 电话 | 18122758563 |

炸子鸡
干香咸鲜的粤式招牌菜

炸子鸡是粤菜系的招牌菜，也是广州寿宴、喜宴上必不可少的一道菜。不管你是北方人还是南方人，肯定都会非常喜欢这道菜。因为它无论是从色泽上还是口感上，都无可挑剔。

我还记得小时候每次跟着父母去吃婚宴，想吃上炸子鸡是需要抢的，稍不留神，你的眼前就只剩下一个空盘子。不过这也可以理解，因为这道菜不仅卖相好，而且吃起来口感也是一级棒。鸡皮炸得金黄酥脆，鸡肉干嫩，送进嘴里又咸又鲜，让人食欲大振，不知不觉中，一块一块就被吃完了。

吃炸子鸡，我和朋友都非常喜欢去的地方是兴南大道上的禾府酒家，这家店铺经常承包宴席，做出的菜品水准一流。除此之外，这家店非常干净。一直以来，在我印象中，厨房都是一个比较油腻比较脏的地方，但是这家店改变了我的看法，它把一小部分餐厅透明化，让顾客可以全程观赏到美食的烹饪过程，可以满足顾客一览大厨风采的愿望。由此可以看出，这家店的用心程度以及自信之处。我们点过炸子鸡之后，只见大厨开火烧油，待油滚后,将鸡放入,不一会儿就捞了上来,反手拿刀咔咔几下切好装盘,动作极其潇洒老练,师傅对着胸前的话筒吆喝两声,一位服务员马上就把炸子鸡端了过来。我迫不及待地拿起筷子吃上一块,能感觉到鸡肉本身已经非常入味,细细品味,还能尝出绍酒和糖醋的味道。

在广州,几乎大一点的饭店都少不了这道菜。在精美的盘子里,炸子鸡被切成块状,色泽鲜润红亮,黄里透着淡淡的红色。夹起一块,细细咀嚼,鲜嫩爽口,咸香适宜,没有半点儿的油腻。另外,鸡肉中蛋白质的含量比较高,吃过之后很容易被人体消化掉,可以很好地增强人的体力。

作为一个喜欢吃炸子鸡的人,逢年过节,似乎必须要吃上几块炸子鸡,才会觉得有一种过节的感觉。除夕夜,一家人围坐在餐桌旁,吃着炸子鸡,在爆竹声中辞旧迎新,幸福充盈在每个人的心间。

南沙区
寻觅历久弥新的老味道 >>>>>

岁月悠长,随着时代飞速的发展,人在变,物在变,景在变,但那美好的味道却一点儿也没有变,尽情享用诱人的美食就是给味蕾最好的慰藉。

印象北方

地址	广州市南沙区云山诗意风情街 27 号 103
电话	020-39007702

罗汉扒豆腐
粤人的传统养生菜

罗汉本是佛教用语，中国美食当中，凡带"罗汉"的大多都是混合素菜食材，例如"罗汉汤面""罗汉大虾"等。粤人素以养生著称，食素也是养生的一种方式。

罗汉扒豆腐是一道由豆腐、冬菇仔、冬笋、银耳、草菇、蜜豆等做成的美食，也是广州人养生的传统菜品之一。这道菜简单朴实，充满了人情味，基本上每个有炊烟的人家都能品尝到。若要去外面的饭店品尝，当然是找一家口味地道的农家菜馆或者私房菜馆。这样的店面通常不会光亮耀人，甚至说不上是装修精致，但他们以味道收买你的胃，以服务打动你的心，绝对会让你不虚此行。

此次我接在外地读书的表妹回家，决定带她去印象北方尝一尝罗汉扒豆腐，这家店是当地的连锁饮食店。虽然附近有很多的美食店，但他家依然顾客盈门，人声鼎沸，基本上每个桌子上都会有一道罗汉扒豆腐。

我和表妹也不例外，餐食上桌，表妹吃完后对罗汉扒豆腐赞不绝口。

食物都是素菜，随意地翻炒让各种食材的味道相互碰撞，冬菇和冬笋零星点落，黑色的木耳神秘地潜伏其中，白亮嫩滑的豆腐整齐地摆放在盘中，形状完整。不要挑剔，随便夹一筷子食材，你便能收获丰富的营养。冬菇的鲜香，豆腐的香醇，木耳的脆香，在你的舌尖跳舞，鲜咸适宜，给你以最淳朴养生的体验。

说起来，这道菜的制作非常简单。冬菇浸透沥干水，草菇顶部划十字，飞水过冷沥干。蜜豆、木耳洗净，苦笋、冬笋切花或切块，豆腐切方形大块，飞水片刻盛起置碟中。烧油爆香姜片，加入以上各材料一起炒透，下调味煮沸即可。

不同的人有不同的习惯，食材的形状、入锅的先后、火候的大小，都有可能影响到食物的最终口感，所以每家饭店做出来的罗汉扒豆腐也不尽相同。

罗汉扒豆腐当中的食材虽然熟悉而简单，但是换个思路换个角度就可以发现它们不曾展示的魅力，重新认识它们的美好。美食不是无聊地重复和叠加，也可以是一次全新的寻找。

南沙大酒店

地址　广州市南沙区海滨新城商贸大道南二路1号

电话　020-39308888

香煎芙蓉蛋
但见一派锦绣繁华

鸡蛋是一种神奇的食材，既好吃又好做，而且天生百搭。它可以独当一面，自成一派，也可以甘做红花绿叶，与其他食材彼此映衬，相互融合。据不完全统计，跟鸡蛋有关的菜肴有一百多种。

香煎芙蓉蛋是广州风味的传统菜肴，用鸡蛋液、叉烧肉、笋丝、香菇等加调料拌匀煎制而成。成菜一般为块状或饼状，两面呈金黄色，各种辅料藏于蛋块之中，互相交错，互相融合，外焦里嫩，蛋香浓郁，是广州宴席名菜。

香煎芙蓉蛋基本上每隔几天便会在我家的餐桌出现，黄灿灿的鸡蛋软嫩松香，叉烧肉筋道弹牙，春笋脆甜清香，香菇鲜香入味。普通的食材，酝酿出最平常、最温暖也最难得的家常味道。

外面餐厅里的香煎芙蓉蛋更具包容性，添加了更多配料，比如海参、虾仁、海贝和红青椒等。南沙区做香煎芙蓉蛋最好的，要数南沙大酒店。

和朋友一起来到南沙大酒店,前面点的几道菜先上桌,清蒸石斑鱼、煎酿茄子、瑞士凤尾虾这几道菜都做得中规中矩,味道地道,可是等香煎芙蓉蛋一上桌,简直是一扫而空。大家不约而同地赞叹:"这才是家的味道。"

只见金黄的香煎芙蓉蛋色泽亮丽,厚度适中,边缘甚至还有一点点焦黄,散发出独特的味道。中间的虾仁鲜嫩,香菇若隐若现,再加上青红辣椒的陪衬,色调均匀,画面和谐。用筷子轻轻一夹,咬上一口,只觉得蛋香十足,馅料满满,荤素食材的口感都在口腔里达到最佳,令人十分满足。

爸爸是煎芙蓉蛋的好手,对此十分有发言权,看我吃得这么满足,还在一旁做讲解:"你可别小看这道菜,煎芙蓉蛋最好用中火,边煎边下油,这样煎到两面金黄,才能外焦里嫩。"

最后一道汤上来了,喝着汤,我还在慢慢回味着芙蓉蛋的香气。

没有鲍鱼、不见龙虾,这样质朴隽永的香煎芙蓉蛋理所当然地存在于各个平凡人家,成为他们生活中不可或缺的一部分,用它自身的魅力,铸就一片繁华。

冼家粉面店

地址　广州市南沙区大岗镇兴业路38号振兴路2号

电话　13535226575

沙河粉
柔韧筋道的薄米粉

说到广州的粉食，就不得不提沙河镇的沙河粉。用米浆蒸成薄粉皮，再切成带状，粉薄而透明，韧而爽滑，可汤煮可炒食，酸甜苦辣咸五味俱全。

这道柔韧筋道的薄米粉，曾在美食节目上崭露头角，作为一种平民美食，它有着很深的历史渊源。

清末，沙河镇有一个小店铺叫"义和居"，店主名叫樊阿香，已经成婚。他还有一个老父亲叫樊官秀，一家三口以卖白粥油器、饭食为生，日子虽不富裕但还可温饱。一天，樊阿香着了凉，发热、头重脚轻、不思饭食。父亲很是发愁，便想做一些新鲜食品给儿子开胃。可是自己别的又都不会做，只会用米浆蒸蒸糕做些粉条，但都粗糙大块，口感也差。要想儿子胃口变好，还是做些薄的米粉吧。他又为怎么做薄的米粉大费周章，突然看到了平时晒东西用的窝篮，心里灵光一现：在窝篮上倒上一层薄薄的米浆，蒸熟以后不就是薄薄的米粉了吗？于是，他赶紧把窝篮洗净，把磨好的米浆倒在窝篮上,用热水摇匀,在锅上猛火蒸了一两分钟,成了薄薄的米粉。

樊官秀把米粉揭起来,切成细条,再加上油、盐、香葱等佐料,一碗香喷喷的米粉就做好了。樊阿香一尝十分可口,胃口大开,边吃边问这叫什么名字。父亲说这是第一做,没有名字,樊阿香的妻子说:"这道粉皮是在沙河创制的,便叫沙河粉吧。"

第二天,樊阿香便把沙河粉推了出去,十分受欢迎。后来樊阿香便停了其他生意,专做沙河粉。他还专门用优质的安南米和白云山上的泉水制作,米粉又薄又韧,细滑可口,深受本地居民和过往客商的喜欢。自此,沙河粉便开始流传,并逐渐成为当地的特产。

这几年,沙河粉更是推陈出新,新款式层出不穷。除了最普通的干炒牛河,还有芝士千层沙河粉、五味沙河粉、七彩河粉等。

到了广州,你一定要去尝一尝沙河粉。当你嘴里品尝着沙河粉的软糯细腻、香滑坚韧,定能忘却一天的疲惫。

要我说,这道沙河粉不必非得去正规的茶楼或者高档的酒店去吃,也不必非到沙河镇去吃,就深入市井之间,找一处支着摊子、摆放着凳子的小店,才更能品尝到地地道道的味道。

朋友介绍的这家小店并不起眼,左拐右拐,才感受到热闹的炒粉声和交谈声。整个店面装修非常简单,门外大大的招牌上写着"冼家粉面店",旁边用较小的字体列举了各种吃食,其中河粉占了半壁江山。从店里的窝篮和蒸笼可以看出,这是一家地道的沙河粉店,据说这些都是店主自行设计和定做的,不滴不漏又透气,既实用,又保留了传统沙河粉的风格。这家店人气非常旺,已经坐了不少的叔叔阿姨了,老板待人和气有礼,神采奕奕。

等的顾客不是很多,十分钟左右,我点的牛腩粉便上桌了。碗里除了沙河粉,还有几块牛腩和几粒葱花作为点缀,轻吸一口气,一股浓浓的米香味夹杂着牛肉的香味便沁入鼻孔。尝一口滑嫩的河粉,再品尝一下牛腩,筋道有质,肉香十足,畅快极了。

知青之家

地址 广州市南沙区环市大道北儿童公园旁

电话 020-39030998

百鸟归巢

凤凰何少鸟何多

在广州人的饮食观念里，生活与美食息息相关，幸福更是与美食有着密切的联系。因而，他们的烹调技术、烹饪手段总是极其精湛，他们总是想尽一切办法制作出既精致好看又美味的美食。

在广州的美食圈里，百鸟归巢一直占据一席之地，在各大酒家、茶楼中频频出现，它不仅美味、精致，还具有极高的营养价值。几乎每一个广州人的童年美食记忆中，都少不了好吃又好看的百鸟归巢。如果给广州美食排个等级，百鸟归巢绝对可以算得上是一道高端、大气、上档次的工艺美食。百鸟归巢，初次听到这个名字，你可能一头雾水，只会从字面上理解，是很多鸟一块儿飞回巢穴。其实不然，这道有名的粤菜，主料是新鲜的花虾、鱿鱼、鹌鹑蛋，配料是白肉、马蹄、芹菜、蛋液、肉脯等，主要操作方法是将剥出来的虾肉打成虾泥，然后加入白肉、马蹄、芹菜、盐、味精、蛋液，搅拌均匀之后，用手捏成小鸟的形状，可以再用一些肉脯、虾尾、黑芝麻来装饰，弄好之后，放入蒸笼蒸上几分钟，按照一定规则摆放在盘子上，淋上一层芡汁即可。之所以如此取名，是因为那一个个造型逼真、栩栩如生的被捏成的小鸟造型。

第一次吃百鸟归巢，是在朋友的带领之下，来到了知青之家。这家店的装修很有年代感，杯盘碟上都印上了20世纪七八十年代的东西。他家根据顾客的不同需求，有不同的百鸟归巢套餐。听朋友说，这家店的生意一直非常火爆，来往食客络绎不绝，不管是什么时候来，永远都是人满为患。因为朋友提前预订，所以我们很轻松就在服务员的带领之下落座。我们要了一份百鸟归巢，里面有荤有素。不得不说，百鸟归巢实在是好看，美得让人不舍得破坏。整个盘子外围，围着一圈捏制的小鸟，中间堆放着细丝状的鸟巢，最上面几个鹌鹑蛋静静地躺着，像熟睡的孩子。奈何美食终究是要品尝的，在那浓浓的香味的诱惑之下，我迅速拿起筷子，夹起一只"小鸟"吃起来，又酥又香，各种调料的混合使香味具有了层次感，越吃品到的香味就越多；再夹上一个鹌鹑蛋，嫩嫩的，咸咸的，香香的。不知不觉，我就将里边所有能吃的食材都吃了一遍，总结起来就一个字"爽"。另外，这家店的饭菜不仅分量足，价格还便宜。不得不说，这是一个吃美食的好地方。

或许，在广州人的心里，百鸟归巢不仅仅是一道美食，更代表着一种精致的生活态度。寻一个中午或者晚上，约上三五好友，一起找一家店吃上一份百鸟归巢，边随性地闲聊着边享用美食。在品味美食的过程中，时间也不知不觉地流逝着，但幸福感却紧紧地环绕着我们。

本图书由北京出版集团有限责任公司依据与京版梅尔杜蒙（北京）文化传媒有限公司协议授权出版。

This book is published by Beijing Publishing Group Co. Ltd. (BPG) under the arrangement with BPG MAIRDUMONT Media Ltd. (BPG MD).

京版梅尔杜蒙（北京）文化传媒有限公司是由中方出版单位北京出版集团有限责任公司与德方出版单位梅尔杜蒙国际控股有限公司共同设立的中外合资公司。公司致力于成为最好的旅游内容提供者，在中国市场开展了图书出版、数字信息服务和线下服务三大业务。

BPG MD is a joint venture established by Chinese publisher BPG and German publisher MAIRDUMONT GmbH & Co. KG. The company aims to be the best travel content provider in China and creates book publications, digital information and offline services for the Chinese market.

北京出版集团有限责任公司是北京市属最大的综合性出版机构，前身为1948年成立的北平大众书店。经过数十年的发展，北京出版集团现已发展成为拥有多家专业出版社、杂志社和十余家子公司的大型国有文化企业。

Beijing Publishing Group Co. Ltd. is the largest municipal publishing house in Beijing, established in 1948, formerly known as Beijing Public Bookstore. After decades of development, BPG now owns a number of book and magazine publishing houses and holds more than 10 subsidiaries of state-owned cultural enterprises.

德国梅尔杜蒙国际控股有限公司成立于1948年，致力于旅游信息服务业。这一家族式出版企业始终坚持关注新世界及文化的发现和探索。作为欧洲旅游信息服务的市场领导者，梅尔杜蒙公司提供丰富的旅游指南、地图、旅游门户网站、App应用程序以及其他相关旅游服务；拥有Marco Polo、DUMONT、Baedeker等诸多市场领先的旅游信息品牌。

MAIRDUMONT GmbH & Co. KG was founded in 1948 in Germany with the passion for travelling. Discovering the world and exploring new countries and cultures has since been the focus of the still family owned publishing group. As the market leader in Europe for travel information it offers a large portfolio of travel guides, maps, travel and mobility portals, Apps as well as other touristic services. Its market leading travel information brands include Marco Polo, DUMONT, and Baedeker.

DUMONT 是德国科隆梅尔杜蒙国际控股有限公司所有的注册商标。
DUMONT is the registered trademark of Mediengruppe DuMont Schauberg, Cologne, Germany.

杜蒙·阅途 是京版梅尔杜蒙（北京）文化传媒有限公司所有的注册商标。
杜蒙·阅途 is the registered trademark of BPG MAIRDUMONT Media Ltd. (Beijing).